会计综合模拟实验教程
(第 2 版)

杨 芳　符桂珍　刘希玉　主　编

田正军　李金亮　李建锋　副主编

清华大学出版社

北 京

内 容 简 介

本书共分两个部分：第一部分为实验基础资料，包括模拟企业的基本情况、核算原则、处理各类经济业务以及编制会计报告的基础资料；第二部分为模拟实验操作，分别介绍了手工与电算化操作的程序与方法。具体内容有：依据模拟企业的基础资料与管理要求设置账簿体系、初始化期初余额及相关基础资料，根据本期模拟经济业务填制与审核原始凭证，依据原始凭证编制并审核记账凭证，编制科目汇总表或汇总记账凭证，登记账簿，进行期末账务处理，并试算平衡，进行对账与结账，编制财务报表等。附录为会计模拟实验所需原始凭证及相关报表，所用原始凭证仿真模拟企业的原始单据，使学生能了解各种原始单据的格式及填制方法。

本书内容全面、结构新颖、特色突出、理论与实践结合紧密，且体现了最新的税制改革内容，更具有弹性与适用性，既可作为普通高等院校财务管理、会计学等专业本科生的教材或参考书，也可作为企业财务管理人员的培训教材。

图书在版编目(CIP)数据

会计综合模拟实验教程/杨芳，符桂珍，刘希玉主编. —2 版. —北京：清华大学出版社，2020.7
ISBN 978-7-302-54692-4

Ⅰ．①会…　Ⅱ．①杨…　②符…　③刘…　Ⅲ．①会计学—高等学校—教材　Ⅳ．①F230

中国版本图书馆 CIP 数据核字(2019)第 293940 号

责任编辑：陈冬梅　陈立静
装帧设计：王红强
责任校对：周剑云
责任印制：沈　露

出版发行：清华大学出版社
　　　　网　　　址：http://www.tup.com.cn, http://www.wqbook.com
　　　　地　　　址：北京清华大学学研大厦 A 座　　　邮　　编：100084
　　　　社 总 机：010-62770175　　　　　　　　　邮　　购：010-62786544
　　　　投稿与读者服务：010-62776969, c-service@tup.tsinghua.edu.cn
　　　　质量反馈：010-62772015, zhiliang@tup.tsinghua.edu.cn
　　　　课件下载：http://www.tup.com.cn, 010-62791865
印 装 者：北京鑫海金澳胶印有限公司
经　　销：全国新华书店
开　　本：185mm×260mm　　　印　张：14.75　　　字　数：357 千字
版　　次：2014 年 9 月第 1 版　2020 年 7 月第 2 版　　印　次：2020 年 7 月第 1 次印刷
定　　价：45.00 元

产品编号：076593-01

前　言

　　会计是一门实践性很强的学科，但由于其理论知识比较抽象，难以形成全面直观的认识。因此，实践教学尤为重要。通过会计模拟实习教学熟练掌握会计业务的流程，以培养学生严谨的工作态度和敬业求实的精神，缩短学生毕业后走上工作岗位的"适应期"，为早日胜任实际工作奠定基础。因此一本方便教学、满足学生需求的模拟实验教材是实现会计实践教学任务的关键。

　　本书是作者在总结了十多年的会计模拟实验教学的基础上，根据最新的会计制度以及最新的税收制度并融合实际会计工作的程序与方法精心设计编写而成的。本书以实际工作中的会计实务操作流程为主线，以理论联系实际、循序渐进、通俗易懂、学以致用为原则，以培养学生综合运用会计理论与方法、独立进行会计核算的实际操作和综合分析能力为目的，从手工与电算化核算的角度分别设计基础资料，进一步完善手工会计核算与会计电算化资料共享的过程。

　　本书由杨芳、符桂珍、刘希玉任主编，田正军、李金亮、李建锋任副主编。具体分工如下：杨芳负责制定写作大纲、统编及最后定稿。符桂珍编写第一部分中的第 1 章第 3 节以及第 2 章；杨芳编写第一部分中的第 1 章第 1、2 节，第 3 章，第 4 章及附录部分；田正军、李金亮编写第二部分第 5、6 章；刘希玉、李建锋、唐皓迪编写附录部分。在本书编写过程中，参阅了大量教材、专著和期刊，并在参考文献中尽可能逐一列出，如有疏漏，敬请作者谅解。

　　本书编写感谢湖南省教育科学规划课题(编号：XJK015AGD012)的大力支持，感谢用友新道科技有限公司田正军、唐皓迪等老师的热情参与。

　　由于编者水平有限，本书在实验设计以及实验指导方面尚存不少值得改进之处，恳请广大师生不吝赐教，提出意见，并能及时反馈，以便我们逐步完善。

编　者

目　　录

第一部分　实验基础资料

第二部分 模拟实验操作

第一部分

实验基础资料

第1章 模拟企业概况

1.1 模拟企业的基本情况

本实验所用资料均源自企业的基本信息。企业财务部门除必须贯彻执行国家相关的法律、准则、制度、规定，认真履行会计机构和会计人员的各项职责和义务，完成会计工作应完成的各项基本任务之外，还应根据企业生产经营活动的特点及管理要求，制定本企业的财务核算要求与原则，在《会计准则》的指导下完善企业的会计账簿体系。

1. 账套信息

账套号：111

账套名称：湖南盛湘食品股份有限公司

账套路径：采用系统默认路径

启用会计期：20××年12月1日

会计期间设置：01月01日—12月31日

2. 单位信息

企业名称：湖南盛湘食品股份有限公司

地址：长沙市开福区三一大道268号

法人代表：张立山

注册资金：捌仟万元整

其中，中国大洋食品开发集团占总股本的49%；潇湘食品研究所占总股本的21%；企业高层管理人员张立山占总股本的15%；陈红占总股本的10%；孙正兴占总股本的5%。

企业代码：210203849

邮政编码：410003

联系电话：0731-84262088

纳税人登记号：076859854811221

开户银行：(1) 基本存款户：中国工商银行长沙市支行四方坪分理处，账号：091482543256

（2）外币存款户：中国银行长沙市支行洪山桥分理处，账号：112543662588

3. 核算类型

本位币名称：人民币(代码RMB)

企业类型：工业

行业性质：新会计制度(建账时按行业性质预置会计科目)

账套主管：陈红

4. 基础信息

该企业有外币核算业务，进行经济业务处理时，需要对存货、客户、供应商进行分类。

5. 分类编码方案

会计科目编码级次：42222；客户分类编码级次：22；部门编码级次：12；存货分类编码级次：12；结算方式编码级次：12；供应商分类编码级次：22；其他默认系统设置。

6. 数据精度

存货数量、存货单价、开票单价、件数及换算率的小数位均为2。

7. 企业生产组织

企业设有厂部办公室、财务科、人事科、筹资投资部、生产科(三个基本生产车间、两个辅助生产车间)。

(1) 基本生产车间：配料车间、制作车间、包装车间。

(2) 辅助生产车间：机修车间、汽车队。

(3) 主要生产工艺流程：配料车间→制作车间→包装车间。上一车间的半成品均直接交下一车间进行加工，不通过半成品库收发，只有包装车间的完工产品才是产成品，交"库存商品"库待售。

8. 产品信息

(1) 甜式系列食品：福运牌夹心酥、福运牌早餐饼、福运牌果仁曲奇、缘味牌煎饼。

(2) 咸式系列食品：福运牌苏打饼、缘味牌奶黄饼、缘味牌葱油香脆饼。

9. 企业对财会工作的基本要求

根据企业生产经营活动的特点及管理要求，在会计核算方面有如下基本要求。

(1) 财务部门必须按各种产品分别核算各自的收入、成本及损益。

(2) 各车间的费用必须分部门、分类别予以考核；厂部管理费用不按科室而是按费用类别予以考核。

(3) 只计算最终产品的成本，不考虑各个生产阶段的半成品成本。

(4) 无须计算在生产过程中产生的废品损失和停工损失。

(5) 固定资产除按每一资产的名目设卡记录外，还需按使用部门、使用状态和固定资产类别归类记录。

(6) 企业的存货和工程物资，财会部门应按存货和工程物资类别予以记录，各种存货和工程物资的收、发、存详细情况可由物资部门设账核算，但财务部负有检查、稽核的责任。

1.2 模拟企业的核算原则

1. 货币资金的核算原则

(1) 库存现金通常是按币种设置明细分类账，由财务科统一管理，由于本实验未涉及除人民币以外的其他币种现金，故只需设置一个"库存现金"总账账户。

(2) 银行存款按存款的不同银行及账号设置明细分类账。

(3) 其他货币资金按《企业会计制度》规定设置"银行汇票""存出投资款""外埠存

款""银行本票""信用卡""信用证保证金"等明细科目，并按各明细科目的开户行或收款单位设置明细账(本实验只涉及"银行汇票"和"存出投资款")。

(4) 货币资金中的"银行存款"和"库存现金"应在"日记账"中进行序时登记，并每日结出余款，以便核对。

2. 存货的核算原则

(1) 原材料、燃料、包装物、低值易耗品采用计划价计价核算。其日常收、发业务由物资管理员登记物资的增减数量，月末合计收发总金额及结出月末余额。财务部门定期汇总收料和发料的金额，再根据收料或发料汇总表进行账务处理。

(2) 为了尽可能使发出材料的成本接近实际成本，本企业按"原材料""燃料""周转材料"分别计算其成本差异率。故"材料采购明细账"应分别按上列三类存货设置。

(3) 发出材料的成本差异以月初各类材料的成本差异率计算确定。

(4) 外购原材料、燃料、周转材料的收料差异集中在月末根据"材料采购明细账"一次性计算。

(5) 低值易耗品单价在 500 元以下，采用一次转销法，计入当期费用；单价在 500 元及以上，采用五五摊销法，转"长期待摊费用"，科目按预计使用期限摊销。

(6) 可多次周转使用的包装物与低值易耗品核算原则一致。再次领用的包装物不需进行会计账务处理(实际工作中应由物资管理部门设置备查账进行管理)。

(7) 在产品、库存商品按实际成本计价。入库的产品由物资部门登记其数量，而会计处理则集中在月末等成本计算完毕后进行；发出的库存商品采用全月一次加权平均法确定其价值。

3. 工程物资及在建工程的核算原则

(1) 工程物资按实际价格计价核算，为含税成本。

(2) 工程物资的外购，在账款已付出，物资尚未到达时，应设"工程物资——在途工程物资"科目进行核算。

(3) 工程物资的收发账务，财务部门采用逐笔处理的原则，即物资管理员在收发工程物资后应及时填写相关单据，并将交会计部门的某联单及时传递给财务部门进行账务处理。

(4) 发出的工程物资采用先进先出法计价。

(5) "在建工程"应按项目设置明细账。

4. 职工薪酬的核算原则

(1) 职工薪酬包括：职工工资、奖金、津贴和补贴；职工福利费；医疗保险费、养老保险费、失业保险费、工伤保险费和生育保险费等社会保险费；住房公积金；工会经费和职工教育经费；非货币性福利等。

(2) 应付职工薪酬以月薪金计算，日工资按基础工资除以 21 天确定。

(3) 奖金随同工资发放，其每月发放额及发放办法由管理层决定，财务部门按章执行。

(4) 企业决定的各种经常性代发款项随同工资发放，本实验教程含"交通补贴"和"福利补贴"两项。

(5) 各种经常性代扣款项在结算工资时扣除。本实验教程含"物业管理费""电讯超支款""住房公积金""失业保险金""养老保险金""医疗保险金""个人所得税"七项。

(6) 工资费用的分配采用收付实现制原则，即按当月应付职工薪酬进行核算。

5. 固定资产的核算原则

(1) 固定资产卡片应逐个设置；固定资产明细账可按使用部门设置，并载明其使用状态和所属类别。在本实验教程中，为节省篇幅，"固定资产卡片"采用"简表"格式。

(2) 固定资产的折旧方法，见第3章3.3节"固定资产核算的基础资料"。使用"直线法"的固定资产分部门按其所属类别计提折旧；使用"年数总和法"的固定资产应逐项计算各自的折旧率，再以月初原值为基数计提折旧；已计提固定资产减值准备的固定资产，应按重新估计的使用年限及净残值率计算各自的折旧率，再以固定资产可变现净值为基数计提折旧。

(3) 固定资产减值准备应按每项固定资产的减值准备设置明细账，以便进行固定资产处置及折旧的会计处理。

(4) 固定资产减值准备不可转回。

6. 长期待摊费用和无形资产的核算原则

(1) 长期待摊费用和无形资产按具体项目设置明细账，并于形成的当月开始摊销。

(2) 长期待摊费用按确定的受益期限摊销，本实验当月发生的长期待摊费用，其受益期限定为3年。

(3) 无形资产按规定或约定的使用期限摊销，其具体的时限以原始凭证所载明的使用期限为准。

(4) 无形资产减值准备不可转回。

7. 期间费用的核算原则

(1) "管理费用""财务费用""销售费用"等期间费用账户宜设置多栏式明细账进行核算。

(2) 各项期间费用的明细分类项目应按会计制度和企业的规定执行，本实验教程确定的明细分类项目见本教程各期间费用账户的期初资料。

(3) 各项期间费用的明细分类标准必须前后保持一致，根据所发生费用的性质或用途，能直接判明其明细分类归属的直接记入该明细分类项目，不能判明的记入"其他费用"栏。

8. 辅助生产成本的核算原则

(1) 本企业将"生产成本"账户的"辅助生产成本"明细账提升为一级账户。

(2) "辅助生产成本"账户按辅助车间设置明细分类账。

(3) "辅助生产成本"明细账宜采用多栏式账页。

(4) "辅助生产成本"明细账的明细分类，其项目名称、分类标准及记录方法与期间费用所述原则相同。

(5) 本企业的辅助生产车间都是为企业生产经营服务的车间，故当月所发生的全部费用应全额按受益部门进行分配，该账户期末无余额。

(6) 辅助生产成本的分配方法采用一次交互分配法。其分配标准如下。

① 机修车间的成本按修理用工实用工时分配。

② 汽车队按对内、对外运输的用车价值量分配。

(7) 鉴于辅助生产车间所汇集的成本是不含税成本，故分配给非产品生产的辅助生产费用均应进行"进项税额转出"，将非产品生产应承担的辅助生产费用调整为"含税成本"。应转出的进项税额以辅助生产成本中"外购项目"本期发生额乘以 17% 求得。其外购项目包含辅助生产成本中的"外购材料""外购动力""外购燃料"和"低值易耗品"。

9. 制造费用的核算原则

(1) 制造费用账户应按基本生产车间设置明细分类账，采用多栏式账簿，其明细分类项目与第 2 章表 2-20 所列费用项目一致。

(2) 本期制造费用记录完毕后，即将各车间的制造费用发生额转入"基本生产成本"账户，在结转时无须直接对各成本计算对象分配制造费用。制造费用的分配在进行生产成本分配时与动力费、职工薪酬等的分配一道进行。该账户期末无余额。

10. 基本生产成本的核算原则

(1) 基本生产成本只需设置一个明细分类账用于记录企业在产品生产过程中所发生的费用。企业要求考核的成本项目为"直接材料费""动力费""应付职工薪酬""其他直接费""制造费用"五项，故该明细账宜采用多栏账页。

(2) 由于只设置了一个明细账，故在登记基本生产成本发生额时，必须在摘要栏注明是哪个车间的费用，其中材料费用还须按车间和产品在账户中记录清楚，以便在各成本计算对象间分配。

(3) 由于本企业没有中间产品的销售，故采用"品种法"结合"分类法"计算各产品制造成本。其成本计算对象确定为两个。

① 甜式系列食品：含夹心酥、早餐饼、果仁曲奇、煎饼四种产品。

② 咸式系列食品：含奶黄饼、苏打饼、葱油香脆饼三种产品。

(4) 直接材料费在甜式和咸式系列食品之间的分配原则，是按各自本月的投入量分配各车间共消耗的材料费用。

(5) 动力费、应付职工薪酬、其他直接费、制造费用在甜式系列食品和咸式系列食品之间的分配原则，是按各自的实用工时分配各车间的上列费用。

(6) 甜式系列食品和咸式系列食品产成品和期末在产品成本的划分方法采用约当产量法，其投料方式按逐次投料处理。各车间的期末在产品完工程度：①配料车间为 30%；②制作车间为 60%；③包装车间为 80%。

(7) 计算出甜式系列食品和咸式系列食品的产成品成本后，按系数法对甜式和咸式系列食品进行分配。系数按各产品的售价确定，其中以煎饼为标准产品。

11. 资产减值准备的核算原则

(1) 模拟企业的"坏账准备"采用综合比例提取的方法，即以企业年末的应收账款和其他应收款余额为基数乘以综合比例(本实验教程确定为5‰)，来确定年末坏账准备账户的应保留额，若"坏账准备"账户有原存款，亦应抵减后记账。

(2) 模拟企业"存货跌价准备"的计提方法和原则按单项存货计提减值准备。

(3) 模拟企业的"固定资产减值准备"采用逐项固定资产对比确认原则，按每一固定资产账面原值扣减已提折旧后的净值与其预计的可变现净值比较，对于账面净值已低于其可变现净值的固定资产计提减值准备。"固定资产减值准备"应按每项固定资产设置明细账。

本实验教程只考虑上述三项资产减值准备，其他忽略不计。

12. 损益核算的基本原则

(1) 企业的"主营业务收入"和"主营业务成本"按各种产品设置明细分类账进行核算。为了直观地比较各种产品的收入及成本，可采用"主营业务收入"和"主营业务成本"在同一账页反映的合并式账页格式，统称"主营业务收入及成本明细账"。

(2) "其他业务收入"和"其他业务成本"按收入种类设置明细分类账，亦可采用"其他业务收入"和"其他业务成本"在同一账页反映的合并式账页格式，统称"其他业务收支明细账"。

(3) "主营业务收入"和"其他业务收入"应缴纳销售税金及附加，严格按国家相关税法的规定执行。本企业的主营业务和材料让售收入照章应缴纳增值税，并以实际应纳增值税为基础按规定的比例计纳城市建设维护税和教育费附加；本企业的车队外运收入照章应缴纳营业税，并以营业税额为基数按规定的比例计纳城市建设维护税和教育费附加。

(4) 按制度规定确定的利润总额，必须严格按计缴所得税的规定进行纳税调整，以应纳税所得额为基数计算并处理企业应纳所得税。本实验教程的纳税调整集中在年终一次进行。

13. 利润的核算原则

(1) "本年利润"账户宜采用多栏式明细账，并按构成本年利润的各项目设置明细账进行登记。

(2) "利润分配"账户应按利润分配的各个方面设置明细账核算。企业的利润分配集中在年终一次进行。

(3) 年度终了，应将"本年利润"账户余额和"利润分配"账户各子目的余额转入"利润分配——未分配利润"子目。

(4) 企业本年度的利润分配原则以董事会决议为准。

除上述各方面的核算原则之外，本实验教程未提到的其他各种经济业务的处理原则，如非货币性交易、债务重组等，一律按2006年2月中华人民共和国财政部颁发的《企业会计准则》执行。

1.3 模拟企业会计科目表

湖南盛湘食品股份有限公司会计科目设置如表1-1所示。

表1-1 湖南盛湘食品股份有限公司会计科目一览表

类 型	总账科目名称	总账科目编码	明细账设置原则
资产	库存现金	1001	按币种设置
资产	银行存款	1002	按开户行及银行账号设置
资产	其他货币资金	1012	设置"存出投资款""银行汇票"等明细科目
资产	交易性金融资产	1101	设置"成本""公允价值变动"等明细科目，并按被投资单位设置明细账
资产	应收票据	1121	设置"银行承兑汇票""商业承兑汇票"明细科目，并需设置"应收票据登记簿"，以记录各种应收票据的详细情况，该备查登记簿本实验省略
资产	应收账款	1122	按购货或接受劳务的客户设置明细账
资产	预付账款	1123	按供应商设置明细账
资产	应收股利	1131	按被投资单位设置明细账
资产	其他应收款	1221	按不同债务人设置明细账
资产	坏账准备	1231	只需设置一个明细账
资产	材料采购	1401	本实验要求按"原材料""燃料""周转材料"设置三个明细账
资产	燃料	1402	按每一种燃料设置明细账
资产	原材料	1403	本实验按原材料类别(三类)设置明细科目，并按每一种材料设置明细账
资产	材料成本差异	1404	按"原材料""燃料""周转材料"设置明细账
资产	库存商品	1405	设置一个明细科目，并按商品品种设置明细账
资产	周转材料	1406	设置"包装物""低值易耗品"明细账
资产	发出商品	1408	按受托单位设置明细账
资产	存货跌价准备	1471	设置一个明细账
资产	持有至到期的投资	1501	设置"投资成本""利息调整"等明细账
资产	长期股权投资	1511	按被投资单位设置明细账
资产	固定资产	1601	按固定资产类别、使用部门设置明细账，每一种固定资产卡片本实验省略
资产	累计折旧	1602	只设置一个明细账
资产	固定资产减值准备	1603	按计提减值准备的每一种固定资产设置明细账
资产	在建工程	1604	本实验按工程名称设置明细账
资产	工程物资	1605	本实验设置"专用材料""专用设备"明细科目，并按每种专用材料和设备设置明细账
资产	固定资产清理	1606	设置一个明细账
资产	无形资产	1701	按无形资产类别设置明细账
资产	长期待摊费用	1801	按费用种类设置明细账

类 型	总账科目名称	总账科目编码	明细账设置原则
资产	待处理财产损溢	1901	设置"待处理固定资产损溢"和"待处理流动资产损溢"明细科目
负债	短期借款	2001	按债权人设置明细账
负债	应付票据	2201	设置"银行承兑汇票""商业承兑汇票"明细科目,详细记录应付票据情况的"应付票据登记簿"本实验略
负债	应付账款	2202	按供应商设置明细账
负债	预收账款	2203	按客户设置明细账
负债	应付职工薪酬	2211	制度规定应按职工类别设置账户,按工资构成内容设专栏,本实验设置"职工工资""职工福利""职工工会经费"明细科目。本实验可采用只设置一个三栏式明细账的简化格式
负债	应交税费	2221	按税种设置
负债	应付股利	2232	按单位或个人名称设置
负债	其他应付款	2241	按应付单位或个人设置
负债	长期借款	2501	按贷款单位设置
负债	应付债券	2502	应设置"债券面值""利息调整"及"应计利息"三个子科目,并需按债券种类设置明细账
所有者权益	实收资本	4001	本实验要求按投资人设置
所有者权益	资本公积	4002	本实验只需设置"股本溢价"一个明细账
所有者权益	盈余公积	4101	设置"法定盈余公积""法定公益金"两个子科目
所有者权益	本年利润	4103	设置一个多栏式明细账
所有者权益	利润分配	4104	按分配方向设置
成本费用类	基本生产成本	5001	基本生产成本按部门和项目进行明细核算,需设置两张"成本计算单"
成本费用类	辅助生产成本	5002	辅助生产成本需按部门设置明细核算
成本费用类	制造费用	5101	按基本生产车间设置明细账
损益类	主营业务收入	6001	按销售商品类别设置
损益类	其他业务收入	6051	设置"材料销售"和"车队外运"明细科目
损益类	投资收益	6111	按投资收益种类设置
损益类	营业外收入	6301	设置一个多栏式明细账
损益类	主营业务成本	6401	按主营业务种类设置
损益类	其他业务成本	6402	设置"材料销售"和"车队外运"明细科目
损益类	营业税金及附加	6403	只设置一个明细账

类 型	总账科目名称	总账科目编码	明细账设置原则
损益类	销售费用	6601	设置一个多栏式账簿，设置"广告费"等明细科目
损益类	管理费用	6602	设置一个多栏式账簿，设置"办公费""差旅费"等明细科目，并设置部门核算
损益类	财务费用	6603	设置一个多栏式账簿，设置"利息支出"等明细科目
损益类	资产减值损失	6701	设置一个账户
损益类	营业外支出	6711	设置一个多栏式账簿
损益类	所得税费用	6801	设置一个账户

注：表中只提供了总账科目编码，其下属的二级账编码可在总账编码后再加 $01\sim0n$ 两位数，若二级账下还有三级账，则再在二级账编码后再加 $01\sim0n$ 两位数。

本 章 小 结

本章提供了湖南盛湘食品股份有限公司的基本情况，包括账套信息、单位信息、核算类型、分类编码方案、数据精度、企业生产组织以及产品信息等；提供了企业财务核算的基本要求；提供了企业对于货币资金、存货、工程物资与在建工程、职工薪酬、固定资产、期间费用、生产成本、资产减值准备、损益等方面的核算原则；提出了符合企业经营特点的会计账簿体系，制定了明细账的设置原则。

第2章 模拟企业建账

2.1 总账建账资料

手工与电算化会计实验都需要详细的建账资料,系统的基础设置与系统初始化是启用电算化会计信息系统的基础工作,企业的经济业务是进行日常账务处理和期末处理的主要依据。

1. 角色分工

(1) 姓名:陈红,ID:001,口令:1,角色:账套主管。

负责财务软件运行环境的建立,以及各项初始设置工作;负责财务软件的日常运行管理工作,监督并保证系统的有效、安全、正常运行;负责总账系统的凭证审核、记账、账簿查询、月末结账工作;负责报表管理及财务分析工作。

具有系统所有模块的全部权限。

(2) 姓名:王伟,ID:002,口令:2,角色:出纳。

负责库存现金、银行存款的管理工作。

具有出纳签字权,库存现金、银行存款日记账和资金日报表的查询及打印权,支票登记权以及银行对账操作权限。

(3) 姓名:张华,ID:003,口令:3,角色:总账会计、应收会计、应付会计、资产管理员、工资管理员。

负责总账系统的凭证管理工作以及客户往来和供应商往来管理工作。

具有总账系统的填制凭证、自动转账定义、自动转账生成、凭证查询、明细账查询操作权限。

具有工资、固定资产、应收系统、应付系统的全部权限。

2. 总账控制方式

湖南盛湘食品股份有限公司总账控制方式如表 2-1 所示。

表 2-1 总账控制方式

选 项 卡	方式设置
基本信息	设置"本年利润"和"利润分配"科目,启用往来业务核销
凭证	设置凭证时,采用序时控制(不能倒流),进行支票管理与资金及往来赤字控制,可使用其他系统受控科目。制单权限控制到科目,不可修改他人填制的凭证。由出纳填制的凭证必须经出纳签字,采用预算控制方式。新增凭证自动填补断号
账簿	账簿打印页数、每页的打印数按软件的标准设定,明细账查询控制到科目,明细账打印按年排页
会计日历	会计日历为 1 月 1 日—12 月 31 日
其他	数量小数位和单价小数位设为两位;部门、个人、项目按编码方式排序

注:总账启用日期为 20××年 12 月 1 日。

3. 币别设置

湖南盛湘食品股份有限公司设定当期人民币兑美元的汇率如表 2-2 所示。

表 2-2 人民币兑美元

币别代码	币别名称	记账汇率	折算方式	汇率类型
USD	美元	6.60	原币×汇率=本位币	浮动汇率

4. 凭证字号设置

增加凭证字为"记账凭证"。

5. 结算方式

湖南盛湘食品股份有限公司设定的结算方式如表 2-3 所示。

表 2-3 结算方式表

编 码	结算方式	票据管理标志
1	现金支票	√
2	转账支票	√
3	商业承兑汇票	
4	银行承兑汇票	
5	汇兑	
6	其他	

6. 计量单位组及计量单位

湖南盛湘食品股份有限公司设定的计量单位组和计量单位如表 2-4 和表 2-5 所示。

表 2-4 计量单位组

计量单位组编码	计量单位组名称	计量单位组类别
001	重量	固定换算
002	数量	无换算
003	面积	固定换算
004	行程	固定换算
005	体积	固定换算

表 2-5 计量单位

计量单位编码	计量单位名称	计量单位组编码	主计量单位标志	换 算 率
01	公斤	001	是	1.00
02	吨	001		1000.00
03	桶	002		

计量单位编码	计量单位名称	计量单位组编码	主计量单位标志	换 算 率
04	袋	002		
05	根	002		
06	副	002		
07	套	002		
08	个	002		
09	台	002		
10	栋	002		
11	平方米	003		10000
12	公里	004	是	1.00
13	里	004		0.50
14	公升	005		1000
15	立方米	005	是	1
16	平方分米	003	是	1
17	次	002		

7. 机构设置

湖南盛湘食品股份有限公司的机构设置如表 2-6 所示。

表 2-6　机构设置情况表

编　号	名　　称	部门属性	负责人	电　话	地　　址
1	总部	管理部门	张立山	84262088	公司内部
101	厂办公室	管理	王莹	84262021	公司内部
102	财务科	管理	陈红	84262022	公司内部
103	人事科	管理	肖光	84262025	公司内部
104	筹资投资部	管理	吴光	84262023	公司内部
2	基本生产科	生产	孙正兴	84262060	公司内部
201	配料车间	基本生产	杨柳华	84262042	公司内部
202	制作车间	基本生产	邓应成	84262027	公司内部
203	包装车间	基本生产	胡环保	84262028	公司内部
3	辅助生产科	辅助生产	刘伟	84567564	公司内部
301	机修车间	辅助生产	李天文	84567565	公司内部
302	汽车队	辅助生产	张蓝天	84567566	公司内部

8. 职员档案

职员档案见第 3 章表 3-3。

以上全部人员均为中方人员，通过中国工商银行长沙市支行四方坪分理处代发工资，个人账号为 11 位，按人员档案序号分别为 20120080001～20120080050。

9. 供应商和客户分类体系

湖南盛湘食品股份有限公司供应商和客户分类体系如表 2-7 所示。

表 2-7　供应商和客户分类表

供应商(客户)分类编码	供应商(客户)分类名称
01	工业企业
0101	重工业企业
0102	轻工业企业
02	商业企业
03	其他企业

10. 供应商和客户档案资料

湖南盛湘食品股份有限公司供应商和客户档案资料如表 2-8 和表 2-9 所示。

表 2-8　供应商档案表

编号	名称/简称	分类	税号	开户行	账号	地址
001	河南粮油贸易公司	0102	010875465612	工行洛阳市支行	01075315	文明路 56 号
002	湘运工贸公司	0102	022914542085	工行长沙市五一路支行	02213458	湘春路 138 号
003	湖南省粮油贸易公司	0102	022914545263	工行长沙市伍家岭支行	02216235	芙蓉路 18 号
004	吉林省长春市粮油批发公司	0102	022425634587	工行长春市支行	03325684	胜利路 42 号
005	湖南株洲市诚信食品公司	0102	022958948596	工行株洲市支行	02225824	天元路 211 号
006	长沙市东塘农贸市场	03	022148596875	工行长沙市东塘支行	02215236	城南路 85 号
007	长沙庆丰日杂店	02	022185496741	工行长沙市北站路支行	02215286	三一大道 154 号
008	长沙新桥搬运公司	03	03457328	农行新河路支行	04356633009	开福区新河路 11 号
009	长沙市石油公司	03	022652634587	工行长沙市全通支行	02217464	德雅路 245 号
010	长沙市中盛食品公司	0102	032562358954	工行长沙市支行韶山路分理处	02212215	韶山路 324 号

编号	名称/简称	分类	税 号	开户行	账 号	地 址
011	岳阳操军农场	03	014558678139	工行岳阳市支行	02248152	农场路 18 号
012	东兴食品厂	0102	026947516548	工行长沙市支行伍家岭分理处	02215364	芙蓉北路 321 号
013	宁乡长兴食品厂	0102	022547652389	工行宁乡县支行	02218457	宁乡花明路 25 号
014	西城食品批发部	0102	02586956445	交通银行窑岭支行	02214574	人民东路 154 号
015	郴州白沙煤矿	0102	04336589521	建行郴州市分行	02247456	郴州白沙路 10 号
016	长沙市供电公司	0102	022145774511	工行长沙市金鹏支行	004466881	桐梓坡路 321 号
017	家润多股份有限公司	02	92430105M	工行长沙市中山路支行	001124452	中山路 22 号
018	长沙市建筑材料公司	0102	42033215362067	工行长沙市支行马王堆分理处	03145754	马王堆 134 号
019	长沙市翠园绿化公司	03	43013241754X	农行长沙市支行四方坪分理处	02354211	洪山路 88 号
020	长沙市汽车维修公司	0102	43014752845X	工行长沙市支行四方坪分理处	02364582	双拥路 17 号
021	上海新天宾馆	03	310101471X	工行黄浦支行	055232152	黄浦区天河路 6 号
022	上海展览馆	03	3105236854X	工行黄浦支行	055232567	黄浦区天河路 56 号
023	上海电视台	03	3104251758X	工行威海路支行	03352986	威海路 298 号
024	长沙市三角坪商场	02	430154200012525	工行长沙市支行三角坪分理处	02218998	湘雅路 77 号
025	长沙市包装材料公司	0102	42033215362090	工行长沙市支行韶山路分理处	234249678	韶山路 8 号
026	长沙县星沙汽配商店	02	4301523641X	农行星沙支行	622865417	星沙天华 32 号
027	长沙市电脑学校	03	43013320179650	建行中山路支行	622733265	中山路 88 号
028	长沙市食品设备公司	0102	42033215362031	工行长沙市支行劳动路分理处	173424278	劳动路 1254 号
029	长沙万福灯饰城	02	0221356255X	工行南湖路支行	622135629	南湖市场 B 栋 111 号
030	长沙市自来水公司	03	534789435672	工行长沙市金盆支行	02299653	金盆路 87 号
031	湖南省电信公司长沙分公司	03	0225365847X	建行蔡锷路支行	622768574	蔡锷中路 8 号

表 2-9 客户档案表

编号	名称/简称	分类	税 号	开户行	账 号	地 址
001	长沙市东方超市	02	036794268541	工行长沙市支行司门口分理处	02215468	黄兴南路 75 号
002	常德市北大门商场	02	052847569145	工行常德市支行	02258461	和平路 98 号
003	益阳惠惠商场	02	058759628264	工行益阳市支行	02256387	枫树路 211 号
004	香港旺角公司	02	055585256359	中国银行香港分行	02546325	平安路 2118 号
005	永州九嶷商场	02	022635418857	工行永州市支行	02274581	九嶷山路 57 号
006	河南驻马店惠民商城	02	025893475812	工行驻马店支行	03562974	胜利路 52 号
007	长沙市乐福超市	02	022143586725	工行长沙市支行北站路分理处	02214959	芙蓉中路 23 号
008	江西樟树市人民路商场	02	036854784523	工行樟树市支行	01652358	人民路 98 号
009	宁夏银川市食品公司	02	087852695412	工行银川市支行	05578452	幸福路 5 号
010	衡阳市白果商场	02	028546325812	工行衡阳市支行	02221546	白果路 97 号
011	长沙星沙商场	02	032514265845	工行长沙市支行星沙分理处	02214574	盼盼路 45 号
012	长沙市识字岭平价商店	02	033453211	工行长沙市支行识字岭分理处	02675432	识字岭 135 号

11. 项目档案

1) 成本项目

(1) 项目大类：成本计算项目。

(2) 项目级次：1。

(3) 项目大类栏目如表 2-10 所示。

(4) 项目目录如表 2-11 所示。

(5) 项目分类：自制产品成本计算；委外产品成本计算。

表 2-10 成本项目大类栏目表

项目编号	文本	60
产品名称	文本	60
是否结算	逻辑	1
所属分类码	文本	22
标准成本	实数	16.2
项目名称	文本	255
备注	文本	20

表 2-11　成本项目目录表

项目编号	所属项目分类码	产品名称	标准成本	备　注
01	1	甜式系列食品	8.70	
02	1	咸式系列食品	7.00	

2) 存货项目

(1) 项目大类：存货项目。

(2) 项目级次：2。

(3) 项目大类栏目默认。

(4) 存货分类体系如表 2-12 所示。

(5) 存货项目目录如表 2-13 所示。

(6) 存货档案见原始资料如表 2-29～表 2-32 所示。

表 2-12　存货分类体系表

分类编码	存货分类名称
1	原材料
101	原料及主要材料
102	辅助材料
103	燃料
104	修理用材料
2	周转材料
201	包装物
202	低值易耗品
3	库存商品
4	工程物资
5	其他

表 2-13　存货项目目录表

存货项目	项目编码	项目名称	所属分类码
原料及主要材料	1	精面粉	101
	2	普通面粉	101
	3	大米	101
	4	黏玉米	101
	5	甜玉米	101
	6	鲜蛋	101
	7	咸蛋	101
	8	白砂糖	101
	9	食盐	101
	10	果仁	101

续表

存货项目	项目编码	项目名称	所属分类码
辅助材料	11	发酵粉	102
	12	精油	102
	13	味精	102
	14	香精1#	102
	15	香精2#	102
燃料	16	白煤	103
	17	柴油	103
	18	汽油	103
修理用材料	19	润滑油	104
	20	传动轴	104
	21	轴承	104
	22	齿轮	104
	23	筛网	104
	24	圆丝	104
包装物	25	包装箱	201
	26	包装袋	201
	27	金属货柜	201
低值易耗品	28	日光灯管	202
	29	料桶	202
	30	水分测试仪	202
	31	工作服	202
库存商品	32	福运牌夹心酥	3
	33	福运牌早餐饼	3
	34	福运牌果仁曲奇	3
	35	缘味牌煎饼	3
	36	福运牌苏打饼	3
	37	缘味牌奶黄饼	3
	38	缘味牌葱油香脆饼	3
工程物资	39	水泥	4
	40	盘圆	4
	41	圆钢	4
其他	42	运输费	5
	43	装卸费	5
	44	其他	5

12. 总账及明细账的期初余额

(1) 湖南盛湘食品股份有限公司 20××年 12 月会计科目及期初余额如表 2-14 所示。

表 2-14 20××年 12 月会计科目及期初余额表

科目类型	科目编码	科目		账类	账页格式	期初余额	
		总账科目	明细科目			借　方	贷　方
资产	1001	库存现金		R	金额式	19 800.00	
资产	1002	银行存款		ER	金额式	6 196 580.00	
资产	1002.01		工行存款人民币户	ER	金额式	4 876 580.00	
资产	1002.02		中行存款美元户	ER	外币金额式	1 320 000.00	
资产	1012	其他货币资金			金额式	2 200 000.00	
资产	1012.01		银行汇票存款		金额式	2 200 000.00	
资产	1012.02		存出投资款		金额式		
资产	1101	交易性金融资产			金额式	6 120 000.00	
资产	1101.01		中海石化		金额式	960 000.00	
资产	1101.02		华能实业		金额式	5 160 000.00	
资产	1121	应收票据			金额式	200 000.00	
资产	1121.01		银行承兑汇票	B	金额式	200 000.00	
资产	1121.02		商业承兑汇票	B	金额式		
资产	1122	应收账款			金额式	4 280 000.00	
资产	1122.01		应收人民币户	B	金额式	4 280 000.00	
资产	1122.02		应收美元户	B	金额式		
资产	1123	预付账款			金额式	501 200.00	
资产	1123.01		预付货款	C	金额式	500 000.00	
资产	1123.02		待摊费用		金额式	1 200.00	
资产	1123.03		预付工程款		金额式		
资产	1131	应收股利			金额式		
资产	1221	其他应收款			金额式	30 000.00	
资产	1221.01		内部其他应收款	A	金额式	30 000.00	
资产	1221.02		外部其他应收款		金额式		
资产	1231	坏账准备			金额式		25 260.00
资产	1401	材料采购		SW	金额式	111 800.00	
资产	1403	原材料			金额式	1 276 760.00	
资产	1403.01		原料及主要材料	SW	金额式	1 054 400.00	
资产	1403.02		辅助材料	SW	金额式	74 300.00	
资产	1403.03		燃料	SW	金额式	102 100.00	

续表

科目 类型	科目 编码	科 目		账 类	账页 格式	期初余额	
		总账科目	明细科目			借　方	贷　方
资产	1403.04		修理用材料	SW	金额式	45 960.00	
资产	1404	材料成本差异			金额式		27 313.60
资产	1404.01		原材料成本差异		金额式		22 663.60
资产	1404.02		周转材料成本差异		金额式		4 650.00
资产	1405	库存商品		SW	金额式	2 102 000.00	
资产	1406	发出商品		SW	金额式		
资产	1411	周转材料			金额式	507 400.00	
资产	1411.01		包装物	SW	数量 金额式	302 000.00	
资产	1411.02		低值易耗品	SW	数量 金额式	205 400.00	
资产	1471	存货跌价准备			金额式		
资产	1501	持有至到期投资			金额式	1 296 000.00	
资产	1501.01		投资成本		金额式	1 200 000.00	
资产	1501.02		利息调整		金额式	96 000.00	
资产	1511	长期股权投资			金额式	27 500 000.00	
资产	1511.01		深圳南洋公司		金额式	25 000 000.00	
资产	1511.02		上海宏远公司		金额式	2 500 000.00	
资产	1601	固定资产			金额式	68 988 000.00	
资产	1602	累计折旧			金额式		12 355 189.10
资产	1603	固定资产减值准备			金额式		600 000.00
资产	1604	在建工程			金额式	2 120 000.00	
资产	1604.01		厂扩建工程		金额式	2 000 000.00	
资产	1604.02		围墙改造工程		金额式	120 000.00	
资产	1605	工程物资			金额式	43 300.00	
资产	1605.01		专用材料	SW	金额式	43 300.00	
	1605.02		专用设备	SW	金额式		
资产	1606	固定资产清理			金额式		
资产	1701	无形资产			金额式	960 000.00	
资产	1701.01		商标使用权		金额式	960 000.00	
资产	1801	长期待摊费用			金额式		
资产	1901	待处理财产损溢			金额式		
资产	1901.01		待处理固定资产损溢		金额式		
资产	1901.02		待处理流动资产损溢		金额式		

科目类型	科目编码	科目		账类	账页格式	期初余额	
		总账科目	明细科目			借方	贷方
负债	2001	短期借款			金额式		8 108 380.00
负债	2001.01		工商行岳麓分理处		金额式		8 108 380.00
负债	2201	应付票据			金额式		1 200 000.00
负债	2201.01		银行承兑汇票	C	金额式		
负债	2201.02		商业承兑汇票	C	金额式		1 200 000.00
负债	2202	应付账款			金额式		363 240.00
负债	2202.01		应付购货款	C	金额式		260 000.00
负债	2202.02		应付劳务款	C	金额式		103 240.00
负债	2202.03		暂估应付账款		金额式		
负债	2203	预收账款		B	金额式		
负债	2211	应付职工薪酬			金额式		146 896.72
负债	2211.01		职工工资		金额式		134 606.72
负债	2211.02		职工福利		金额式		12 290.00
负债	2211.03		职工工会经费		金额式		
负债	2221	应交税费			金额式		234 477.60
负债	2221.01		应交增值税		金额式		
负债	2221.02		未交增值税		金额式		140 140.00
负债	2221.03		应交土地使用税		金额式		40 000.00
负债	2221.04		应交车船使用税		金额式		1 825.00
负债	2221.05		应交企业所得税		金额式		
负债	2221.06		应交房产税		金额式		39 900.00
负债	2221.07		应交城建税		金额式		9 809.80
负债	2221.08		应交个人所得税		金额式		
负债	2221.09		应交教育费附加		金额式		2 802.80
负债	2231	应付利息			金额式		112 000.00
负债	2232	应付股利			金额式		
负债	2241	其他应付款			金额式		80 993.28
负债	2501	长期借款			金额式		13 200 000.00
负债	2502	应付债券			金额式		
负债	2502.01		债券面值		金额式		
负债	2502.02		利息调整		金额式		
负债	2502.03		应计利息		金额式		
权益	4001	实收资本			金额式		80 000 000.00

科目类型	科目编码	科目		账类	账页格式	期初余额	
		总账科目	明细科目			借 方	贷 方
权益	4001.01		中国大洋食品开发集团		金额式		39 200 000.00
权益	4001.02		潇湘食品研究所		金额式		16 800 000.00
权益	4001.03		张立山		金额式		12 000 000.00
权益	4001.04		陈红		金额式		8 000 000.00
权益	4001.05		孙正兴		金额式		4 000 000.00
权益	4002	资本公积			金额式		460 000.00
权益	4002.01		股本溢价		金额式		460 000.00
权益	4101	盈余公积			金额式		2 746 800.00
权益	4101.01		法定盈余公积		金额式		1 526 000.00
权益	4101.02		法定公益金		金额式		1 220 800.00
权益	4103	本年利润			金额式		5 221 989.70
权益	4104	利润分配			金额式		1 100 000.00
权益	4104.01		提取盈余公积		金额式		
权益	4104.02		应付利润		金额式		
权益	4104.03		未分配利润		金额式		1 100 000.00
成本	5001	基本生产成本			金额式	1 529 700.00	
成本	5001.01		咸式系列食品	D	金额式	818 300.00	
成本	5001.02		甜式系列食品	D	金额式	711 400.00	
成本	5002	辅助生产成本			金额式		
成本	5002.01		机修车间		金额式		
成本	5002.02		汽车队		金额式		
成本	5101	制造费用			金额式		
成本	5101.01		配料车间		金额式		
成本	5101.02		制作车间		金额式		
成本	5101.03		包装车间		金额式		
损益	6001	主营业务收入		FW	金额式		
损益	6051	其他业务收入			金额式		
损益	6051.01		材料销售		金额式		
损益	6051.02		车队外运		金额式		
损益	6111	投资收益			金额式		
损益	6301	营业外收入			金额式		
损益	6301.01		固定资产盘盈		金额式		
损益	6301.02		处理固定资产净收益		金额式		

科目类型	科目编码	科 目		账类	账页格式	期初余额	
		总账科目	明细科目			借 方	贷 方
损益	6301.03		罚款净收入		金额式		
损益	6301.04		其他		金额式		
损益	6401	主营业务成本			金额式		
损益	6402	其他业务支出			金额式		
损益	6402.01		材料销售		金额式		
损益	6402.02		车队外运		金额式		
损益	6403	税金及附加			金额式		
损益	6601	销售费用			金额式		
损益	6601.01		广告费		金额式		
损益	6601.02		运输费		金额式		
损益	6601.03		保险费		金额式		
损益	6601.04		其他		金额式		
损益	6602	管理费用			金额式		
损益	6602.01		办公费	F	金额式		
损益	6602.02		差旅费	F	金额式		
损益	6602.03		招待费	F	金额式		
损益	6602.04		工资及附加	F	金额式		
损益	6602.05		折旧费	F	金额式		
损益	6602.06		福利费	F	金额式		
损益	6602.07		教育经费	F	金额式		
损益	6602.08		工会经费	F	金额式		
损益	6602.09		其他	F	金额式		
损益	6603	财务费用			金额式		
损益	6603.01		利息支出		金额式		
损益	6603.02		手续费		金额式		
损益	6603.03		其他		金额式		
损益	6701	资产减值损失			金额式		
损益	6711	营业外支出			金额式		
损益	6711.01		固定资产盘亏		金额式		
损益	6711.02		处理固定资产净损失		金额式		
损益	6711.03		罚款支出		金额式		
损益	6801	所得税费用			金额式		
损益	6901	以前年度损益调整			金额式		
合计						125 982 540.00	125 982 540.00

注：业务处理过程中需要的其他科目，在录入凭证时随时增加。表中的账类符号分别表示如下：

A——个人往来核算；B——客户往来核算；C——供应商往来核算；D——成本项目核算；

R——日记账核算；E——银行核算；F——部门核算；S——数量核算；W——存货项目核算。

(2) 湖南盛湘食品股份有限公司 20××年 12 月"材料采购"明细账期初余额如表 2-15 所示。

表 2-15 20××年 12 月"材料采购"期初余额表

明细科目	付款日期	供应单位	材料名称	标准型号	计量单位	应收数量	买 价	运杂费	小 计
原材料采购	11.28	西城食品批发部	咸蛋		公斤	10 000	58 000.00		58 000.00
原材料采购	11.28	西城食品批发部	果仁		公斤	2000	17 800.00		17 800.00
燃料采购	11.25	郴州白沙煤矿	白煤	6000大卡	吨	100	32 000.00	4 000.00	36 000.00
合计									111 800.00

(3) 湖南盛湘食品股份有限公司 20××年 12 月"固定资产"明细账期初余额如表 2-16 所示。

表 2-16 20××年 12 月"固定资产"期初余额表

管理使用部门	使用状况	资产名称	数量	月初原值	管理使用部门	使用状况	资产名称	数量	月初原值
配料车间	生产用	房屋	1	5 400 000.00	机修车间	生产用	铣床	10	300 000.00
配料车间	生产用	1#配料设备	10	500 000.00	机修车间	生产用	铇床	10	280 000.00
配料车间	生产用	2#配料设备	10	600 000.00	机修车间	生产用	钻床	10	200 000.00
配料车间	生产用	3#配料设备	10	800 000.00	机修车间	生产用	镗床	10	400 000.00
配料车间	生产用	1#发酵罐	10	420 000.00	机修车间	生产用	磨床	10	300 000.00
配料车间	生产用	2#发酵罐	10	500 000.00	机修车间	生产用	配电设备	2	1 000 000.00
配料车间	生产用	3#发酵罐	10	580 000.00	汽车队	生产用	房屋	1	2 500 000.00
制作车间	生产用	房屋	1	4 700 000.00	汽车队	生产用	小轿车	10	4 000 000.00
制作车间	生产用	2#成套食品制作机	10	1 800 000.00	汽车队	生产用	轻型汽车	10	4 000 000.00
制作车间	生产用	3#成套食品制作机	10	3 400 000.00	汽车队	生产用	重型汽车	10	4 400 000.00
制作车间	生产用	4#成套食品制作机	10	3 600 000.00	厂部	生产用	办公楼	1	7 000 000.00
包装车间	生产用	房屋	1	4 600 000.00	厂部	生产用	1#仓库	1	1 500 000.00
包装车间	生产用	1#成套包装机	10	1 152 000.00	厂部	生产用	2#仓库	1	1 000 000.00
包装车间	生产用	2#成套包装机	10	1 152 000.00	厂部	非生产用	职工食堂	1	1 000 000.00
包装车间	生产用	3#成套包装机	10	1 344 000.00	厂部	非生产用	围墙	1	300 000.00
机修车间	生产用	房屋	1	4 800 000.00	厂部	生产用	计算机	10	600 000.00

续表

管理使用部门	使用状况	资产名称	数量	月初原值	管理使用部门	使用状况	资产名称	数量	月初原值
机修车间	生产用	配电房	1	1 000 000.00	厂部	不需用	1#成套食品制作机	2	3 500 000.00
机修车间	生产用	车床	10	360 000.00	合计				68 988 000.00

注：固定资产减值准备 600 000 元，其中 1#成套食品制作机 300 000 元，2#成套食品制作机 300 000 元。

(4) 湖南盛湘食品股份有限公司 20××年"应缴增值税"明细账 1～11 月累计发生额如表 2-17 所示。

表 2-17 20××年"应缴增值税"1～11 月累计发生额表

借方发生额			贷方发生额			
进项税额	已缴税金	转出未缴增值税	销项税额	出口退税	进项税额转出	转出多缴增值税
5 214 020.00	1 100 000.00	1 529 050.00	7 542 920.40	84 100.00	216 049.60	

(5) 湖南盛湘食品股份有限公司 20××年 12 月"基本生产成本"明细账期初余额如表 2-18 所示。

表 2-18 20××年 12 月"基本生产成本"期初余额表

成本计算对象	咸式系列食品	甜式系列食品
直接材料费	367 712.00	314 866.00
动力费	114 640.50	109 342.00
直接人工费	148 522.80	131 140.00
其他直接费	57 111.10	54 359.60
制造费用	130 313.60	101 692.40
合计	818 300.00	711 400.00

(6) 湖南盛湘食品股份有限公司 20××年"辅助生产成本"明细账 1～11 月累计发生额如表 2-19 所示。

表 2-19 20××年"辅助生产成本"1～11 月累计发生额表

费用项目＼车间名称	机修车间	汽车队	费用项目＼车间名称	机修车间	汽车队
外购材料	82 600.00		折旧费	323 400.00	717 200.00
外购动力	38 000.00	18 480.00	修理费		54 600.00
外购燃料		426 480.00	养路费		216 000.00
低值易耗品	26 400.00	32 700.00	劳动保护费	15 800.00	18 800.00
工资	684 500.00	791 500.00	车间管理费	32 400.00	21 700.00
其他直接费用	75 295.00	111 881.00	其他	13 600.00	32 500.00

(7) 湖南盛湘食品股份有限公司 20××年"制造费用"明细账 1～11 月累计发生额如表 2-20 所示。

表 2-20　20××年"制造费用"1～11 月累计发生额表

费用项目 \ 车间名称	配料车间	制作车间	包装车间
工资	332 400.00	335 600.00	329 560.00
其他直接费	46 536.00	46 984.00	46 138.40
折旧费	386 600.00	728 200.00	483 550.00
修理费	362 800.00	304 130.00	114 560.00
办公费	41 600.00	48 040.00	31 660.00
水电费	21 800.00	30 680.00	26 400.00
劳动保护费	23 600.00	25 800.00	19 600.00
机物料消耗	326 000.00	114 500.00	33 000.00
低值易耗品费	187 500.00	151 000.00	74 400.00
运输费	11 600.00	18 600.00	9 960.00
其他	98 400.00	34 400.00	51 600.00

(8) 湖南盛湘食品股份有限公司 20××年"主营业务收入"和"主营业务支出"明细账 1～11 月累计发生额如表 2-21 所示。

表 2-21　20××年"主营业务收入"和"主营业务支出"1～11 月累计发生额表

产品名称	销售数量	平均售价	主营业务收入	成本均价	主营业务成本
福运牌夹心酥	1 260 000	3.42	4 309 200.00	2.25	2 722 500.00
福运牌早餐饼	2 160 000	3.15	6 804 000.00	1.90	4 104 000.00
福运牌果仁曲奇	1 400 000	5.30	7 420 000.00	2.80	3 920 000.00
缘味牌煎饼	1 500 000	4.20	6 300 000.00	3.10	4 650 000.00
福运牌苏打饼	1 080 000	5.40	5 832 000.00	2.60	2 808 000.00
缘味牌奶黄饼	1 160 000	5.60	6 496 000.00	2.75	3 317 600.00
缘味牌葱油香脆饼	1 502 200	4.00	6 008 800.00	2.00	3 004 400.00
合计			43 170 000.00		24 526 500.00

(9) 湖南盛湘食品股份有限公司 20××年"其他业务收入"和"其他业务成本"明细账 1～11 月累计发生额如表 2-22 所示。

表 2-22　20××年"其他业务收入"和"其他业务成本"1～11 月累计发生额表

其他业务名目	其他业务收入	其他业务支出		
		其他业务成本	其他业务税金及附加	合　计
材料让售	913 406.70	864 253.30	3 563.40	867 816.70
车队外运	1 726 800.00	1 143 693.90	35 372.00	1 179 065.90

(10) 湖南盛湘食品股份有限公司20××年"管理费用"明细账1～11月累计发生额如表2-23所示。

表2-23　20××年"管理费用"明细账1～11月累计发生额表

费用项目	金　额	费用项目	金　额
董事会会费	184 700.00	排污费	330 000.00
工资	1 365 885.40	水电费	325 600.00
福利费	191 224.00	税金	443 465.00
差旅费	427 500.00	工会经费	130 770.90
办公费	1 067 850.00	职工教育经费	98 078.20
折旧费	564 300.00	业务招待费	326 400.00
修理费	646 800.00	无形资产摊销	176 000.00
物料消耗	476 643.40	绿化费	850 000.00
低值易耗品费	283 673.40	坏账准备	
劳动保险费	624 181.60	存货跌价准备	
失业保险费	101 851.20	存货盈亏毁损	
住房公积金	305 536.00	其他	65 949.10

(11) 湖南盛湘食品股份有限公司20××"财务费用"明细账1～11月累计发生额如表2-24所示。

表2-24　20××年"财务费用"明细账1～11月累计发生额表

费用项目	发 生 额	费用项目	发 生 额
利息净支出	412 613.50	汇兑净损失	77 252.50
金融机构手续费	18 654.00	现金折扣	826 000.00

(12) 湖南盛湘食品股份有限公司20××年"销售费用"明细账1～11月累计发生额如表2-25所示。

表2-25　20××年"销售费用"明细账1～11月累计发生额表

费用项目	发 生 额	费用项目	发 生 额
广告费	820 000.00	保险费	214 666.00
运输费	1 876 500.00	其他	531 130.70
展销费	854 000.00		

(13) 湖南盛湘食品股份有限公司20××年"营业外收入"明细账1～11月累计发生额如表2-26所示。

表2-26　20××年"营业外收入"明细账1～11月累计发生额表

收入项目	发 生 额	收入项目	发 生 额
固定资产盘盈	84 000.00	非货币性交易收益	320 000.00
处置固定资产净收益	425 000.00	罚款净收入	11 536.10

(14) 湖南盛湘食品股份有限公司20××年"营业外支出"明细账1～11月累计发生额

如表 2-27 所示。

表 2-27　20××年"营业外支出"明细账 1～11 月累计发生额表

支 出 项 目	发 生 额	支 出 项 目	发 生 额
固定资产盘亏	376 000.00	计提固定资产减值准备	
处置固定资产净损失	845 000.00	公益性捐赠	
债务重组损失	1 100 000.00	非公益性捐赠	200 000.00
非常损失	913 866.00	罚款支出	38 000.00

(15) 湖南盛湘食品股份有限公司 20××年"本年利润"明细账 1～11 月累计发生额及余额如表 2-28 所示。

表 2-28　20××年"本年利润"明细账 1～11 月累计发生额及余额表

明细项目	金 额	明细项目	金 额
借方发生额		贷方发生额	
1. 主营业务成本	24 526 500.00	1. 主营业务收入	43 170 000.00
2. 税金及附加	295 254.90	2. 其他业务收入	2 640 206.70
3. 销售费用	4 296 296.70	3. 营业外收入	840 536.10
4. 其他业务支出	2 046 882.60	4. 投资收益	6 102 000.00
5. 管理费用	8 986 408.20		
6. 财务费用	1 334 520.00		
7. 营业外支出	3 472 866.00		
8. 投资损失			
9. 所得税费用	2 572 024.70	11 月末余额(净利润)	5 221 989.70

(16) 湖南盛湘食品股份有限公司 20××年 12 月"原材料"品种明细账期初结存如表 2-29 所示(存货属性：采购、生产耗用)。

表 2-29　20××年 12 月"原材料"品种明细账期初结存表

材料类别	品　名	型号/规格	计量单位	结存数量	计划单价	结存金额
原料及主要材料	精面粉		公斤	100 000	1.96	196 000.00
	普通面粉		公斤	100 000	1.60	160 000.00
	大米	标-米	公斤	90 000	1.52	136 800.00
	黏玉米		公斤	80 000	1.38	110 400.00
	甜玉米		公斤	100 000	2.20	220 000.00
	鲜蛋		公斤	12 000	4.30	51 600.00
	咸蛋		公斤	12 000	5.60	67 200.00
	白砂糖		公斤	12 000	3.20	38 400.00
	食盐		公斤	4 000	1.50	6 000.00
	果仁		公斤	8 000	8.50	68 000.00
小计						1 054 400.00

续表

材料类别	品 名	型号/规格	计量单位	结存数量	计划单价	结存金额
辅助材料	发酵粉		公斤	1 000	2.60	2 600.00
	精油		公斤	6 000	8.00	48 000.00
	味精	500 克装	袋	1 000	6.00	6 000.00
	香精	1#	公斤	300	27.00	8 100.00
	香精	2#	公斤	300	32.00	9 600.00
小计						74 300.00
燃料	白煤	6000 大卡	吨	20	1125.00	22 500.00
	柴油	0#	公升	2 000	6.30	12 600.00
	汽油	92#	公升	10 000	6.70	67 000.00
小计						102 100.00
修理用材料	润滑油	10 公斤装	桶	400	46.00	18 400.00
	传动轴	32×1000	根	40	226.00	9 040.00
	轴承	7315	副	100	28.00	2 800.00
	齿轮	φ450	套	20	488.00	9 760.00
	筛网	三层细密	平方米	100	56.00	5 600.00
	圆丝	8#	公斤	100	3.60	360.00
小计						45 960.00

(17) 湖南盛湘食品股份有限公司 20××年 12 月"周转材料"品种明细账期初结存如表 2-30 所示(存货属性：采购、生产耗用)。

表 2-30 20××年 12 月"周转材料"品种明细账期初结存表

材料类别	品 名	型号/规格	计量单位	结存数量	计划单价	结存金额
包装物	包装箱	50 袋装	个	12 000	3.00	36 000.00
	包装袋		个	600 000	0.30	180 000.00
	金属货柜	5T 容量	个	1	8 600.00	86 000.00
小计						302 000.00
低值易耗品	日光灯管	40W	根	200	23.00	4 600.00
	料桶	50 公斤装	个	600	158.00	94 800.00
	水分测试仪		台	10	1 480.00	14 800.00
	工作服	四件套	套	400	228.00	91 200.00
小计						205 400.00

(18) 湖南盛湘食品股份有限公司 20××年 12 月"库存商品"品种明细账期初结存数如表 2-31 所示(存货属性：内销、外销、自制)。

(19) 湖南盛湘食品股份有限公司 20××年 12 月"工程物资"品种明细账期初结存数如表 2-32 所示。

表 2-31 20××年 12 月"库存商品"品种明细账期初结存表

品 名	品 牌	计量单位	结存数量	实际单价	结存金额
夹心酥	福运牌	袋	50 000	2.20	110 000.00
早餐饼	福运牌	袋	280 000	1.90	532 000.00
果仁曲奇	福运牌	袋	120 000	3.20	384 000.00
煎饼	缘味牌	袋	60 000	2.40	144 000.00
苏打饼	福运牌	袋	160 000	2.60	416 000.00
奶黄饼	缘味牌	袋	120 000	2.80	336 000.00
葱油香脆饼	缘味牌	袋	90 000	2.00	180 000.00
合计					2 102 000.00

表 2-32 20××年 12 月"工程物资"品种明细账期初结存表

品 名	规格/型号	计量单位	结存数量	实际单价	结存金额
水泥	400 标号	吨	50	400.00	20 000.00
盘圆	$\phi6$	公斤	1000	3.30	3 300.00
圆钢	$\phi22$	公斤	5 000	4.00	20 000.00
合计					43 300.00

(20) 湖南盛湘食品股份有限公司 20××年 12 月应收、应付款期初数据如表 2-33～表 2-36 所示。

表 2-33 "应收账款"期初余额表

单据名称	单据类型	方向	开票日期	客户名称	部门	业务员	科目编码	货物名称	增值税发票号	价税合计
销售发票	专用发票	借	10.5	常德北大门商场	管理	吴光	1122.01	苏打饼 100 000 袋,税率 16%	1597486	680 000.00
销售发票	专用发票	借	11.20	益阳惠惠商场	管理	吴光	1122.02	果仁曲奇 24 000 袋,1 800 000 元,奶黄饼 300 000 袋,税率 16%	5284152	3 600 000.00

注: 20××年 11 月 1 日,职工王莹借支差旅费 30 000 元。

表 2-34 "应收票据"期初余额表

单据名称	单据类型	方向	开票日期	客户名称	部门	业务员	科目编码	到期日	增值税发票号	价税合计
销售发票	专用发票	借	10.12	长沙市东方超市	管理	吴光	1121.01	2019.4.20	5241814	2 000 000.00

表 2-35   "应付账款"期初余额表

单据名称	单据类型	方向	开票日期	供应商	部门	业务员	科目编码	货物名称	增值税发票号	价税合计
采购发票	专用发票	贷	10.10	湘运工贸公司	管理	石文管	2202.01	精面粉，数量11 500，税率10%	2584251	260 000.00
		贷	11.25	市供电公司	管理	石文管	2202.02	其他，税率16%		103 240.00

注：20××年11月8日，以电汇方式预付湖南省粮贸公司货款500 000元。

表 2-36   "应付票据"期初余额表

单据名称	单据类型	方向	开票日期	供应商	业务员	科目编码	到期日	增值税发票号	价税合计
采购发票	专用发票	贷	11.3	河南粮油贸易公司	石文管	2201.02	2019.2.03	5247854	200 000.00

2.2 模拟企业 20××年 12 月份经济业务一览表

表 2-37   20××年12月份湖南盛湘食品股份有限公司经济业务一览表(可根据业务增设科目等相关设置)

业务序号	日期	内　　容
1	12.1	开出现金支票，从工行提取现金90 000元，以备企业零星开支用
2	12.1	职工吴光出差怀化，填制借支单，借支差旅费8 000元，以现金支付
3	12.1	从湖南省粮油贸易公司购进精面粉、普通面粉和大米，以转账支票从工行支付全部价税款
4	12.1	根据供销合同及销售部门通知，发运福运牌夹心酥40 000袋，福运牌早餐饼50 000袋给永州市九嶷商场。除货款及增值税外，由本公司车队代运，现填制相关结算单证，办理货款、税款及运费的托运承付结算手续，并进行账务处理
5	12.1	配料车间甜式食品领用精面粉50 000公斤、普通面粉20 000公斤，咸式食品领用精面粉20 000公斤、普通面粉20 000公斤、黏玉米25 000公斤，产品共同领用鲜蛋4000公斤、发酵粉1000公斤；制作车间机器维修领用筛网80平方米，轴承20副，齿轮10套；包装车间领用包装纸袋300 000个，包装箱6000个；公司厂办公室领用水分测试仪10台，日光灯管40根；汽车队领用汽油5000公升
6	12.1	从银行取得年利率为4.75%，期限为2年的专门借款10 000 000元，用于固定资产房屋的购建
7	12.2	公司办公室王莹报销办公用品费3248元、业务招待费5600元和市内交通费560元，以现金支付

续表

业务序号	日期	内　容
8	12.2	从工行取回市供电公司同城委托收款单证，支付上月应付电费及增值税款
9	12.2	应采购部门要求，到工行办理金额为 500 000 元的银行汇票，办妥后交采购部门持票到吉林省长春市粮油批发公司采购玉米
10	12.2	河南驻马店惠民商城信汇 1 000 000 元购货款，现从工行取回信汇单"收账通知联"
11	12.2	根据养路费收据开出工行转账支票，从工行支付本月车队养路费，计入车队辅助生产成本
12	12.3	从工行取回电汇单"收账通知"，常德市北大门商场如期将货款扣除其应得现金折扣后的金额电汇本公司 666 400 元，原应收账款中价款、税款及代垫运费共 680 000 元，现金折扣 13 600 元
13	12.3	株洲市诚信食品公司发票账单已到，货款暂欠，现根据发票账单进行账务处理
14	12.3	从湖南省粮油贸易公司购入的原材料已全部如数验收入库
15	12.3	从株洲市诚信食品公司购入的原材料已全部如数验收入库
16	12.4	从工行信汇 300 000 元至上海电视台以支付本公司产品广告费用，对方发票尚未到达，广告尚未在电视台播出，作预付账款处理
17	12.4	填列税收缴款单，上缴上月未缴的增值税 140 140 元
18	12.4	填列税收缴款单，上缴上月未缴城建税和教育费附加分别为 9 809.80 元、2 802.80 元
19	12.4	香港旺角公司汇入 55 000 美元购货款，据中国银行收款通知，进行相关的账务处理，当日汇率 1∶6.59
20	12.4	产成品完工交库，计缘味牌奶黄饼 60 000 袋，福运牌苏打饼 60 000 袋，缘味牌煎饼 30 000 袋，缘味牌葱油香脆饼 30 000 袋，福运牌早餐饼 80 000 袋，福运牌夹心酥 50 000 袋
21	12.5	河南驻马店惠民商场提货，根据销售部门的通知，已售给该商城福运牌苏打饼 40 000 袋、缘味牌煎饼 20 000 袋、福运牌早餐饼 30 000 袋、缘味牌奶黄饼 50 000 袋、缘味牌葱油香脆饼 20 000 袋，现填制相关结算单证并冲退原预收账款
22	12.5	领出新金属货柜 9 个，出借给河南驻马店惠民商场，采用一次摊销法
23	12.5	购入专用材料 φ20 ×1200 铁花护栏 50 000 公斤，开出工行转账支票支付全部款项，专用材料验收入库
24	12.5	应行政科要求，从工行信汇 50 000 元给星沙建筑工程队，预付围墙改建工程款
25	12.8	按合同发运福运牌早餐饼 40 000 袋(不含税单价 0.40 美元)、福运牌苏打饼 50 000 袋(不含税单价 0.70 美元)给香港旺角公司，当日汇率为 1∶6.58
26	12.8	公司汽车队给河南驻马店惠民商城运货，应收运费 38 000 元；汽车队代香港旺角公司运货，应收运费 3 000 美元(当日汇率为 1∶6.58)。款项尚未支付，现根据车队运费结算通知进行相关账务处理
27	12.8	开出现金支票，从工行提取现金 10 000 元，以备企业零星开支

业务序号	日期	内　容
28	12.8	收到上月采购的白煤 100 吨，咸蛋 10 000 公斤，果仁 2 000 公斤
29	12.8	根据对方提供的发票，从工行以转账支票支付长沙县翠园绿化公司绿化费 165 000 元
30	12.8	配料车间咸式食品领用咸蛋 5 000 公斤，甜式食品另用白砂糖 5 000 公斤、甜玉米 40 000 公斤、果仁 1 000 公斤；配料车间领用传动轴 20 根、料桶 300 个；制作车间领用精油 3 000 公斤、鲜蛋 3 000 公斤；包装车间领用包装袋 300 000 个、包装箱 6 000 个
31	12.9	汽车队报销车辆维修费 28 600 元，从工行以转账支票支付
32	12.9	职工王伟从上海出差归来，报销差旅费，现结算原借款项，并处理相关账务，其中差旅费 3 700 元，会务费 6 300 元
33	12.9	12 月 1 日发运永州九嶷商场的本公司产品因食品保质期已不足两个月，对方要求给予 20%的销售折让，双方协商同意，对方开具索取折价证明单并办理部分拒付理由书后，将应付货款通过银行付我方
34	12.9	上海电视台的广告费发票账单已到，现进行账务处理，并于当日至本月在电视台播出本公司产品广告，延续 30 日
35	12.9	经本人申请，厂部批准给职工胡广云 9 000 元困难补贴，以现金支付
36	12.10	公司车队给长沙星沙商场运货，取得金额为 3 200 元的转账支票一张，现已通过工行办理进账手续
37	12.10	根据销售部门通知，已销长沙市识字岭平价商店缘味牌葱油香脆饼 2 000 袋、福运牌果仁曲奇 2 000 袋，对方送来等额面值的银行进账单"收账通知"结清购货款，现进行账务处理
38	12.10	围墙改建工程领用 ϕ20 ×1200 铁花护栏 50 000 公斤、400#水泥 20 吨
39	12.10	从长沙市包装材料公司购入包装箱 2 000 个、包装袋 80 000 个，以转账支票支付
40	12.11	车队报销停车费 5 200 元，以现金支付，从汽车队辅助生产成本中开支
41	12.11	机修车间购消耗性物资费用 8 600 元，以现金支付(直接作物料消耗处理)
42	12.11	汽车队给长沙市乐福超市运货，收入现金 420 元
43	12.11	长沙市排水有偿服务公司通过工行向我厂收取排污费，现取回单证，作公司管理费用处理
44	12.11	厂部指派某职工参加电脑操作学习，现以工行转账支票支付学校电脑培训费，从职工薪酬中开支
45	12.12	给本公司职工发放子弟助学补贴 4 700 元，以现金支付
46	12.12	将长沙市东方超市 200 000 元不带息银行承兑汇票申请贴现，贴现期为 4 个月，工行扣除贴现息后，将贴现款转入我公司存款账户
47	12.12	配料车间领用四件套工作服 60 套，制作车间领用 80 套，包装车间领用 40 套
48	12.12	售给江西樟树市人民路商场福运牌果仁曲奇 20 000 袋，福运牌夹心酥 20 000 袋，福运牌苏打饼 20 000 袋，缘味牌奶黄饼 20 000 袋，对方持"银行汇票"两联单办理货款结算

续表

业务序号	日期	内　容
49	12.12	江西樟树市人民路商场借已使用金属货柜1个，以方便该商场运货。我方应收取的货柜押金5 000元，对方当即以现金缴存我方工行存款账户。且向江西樟树市人民商场发出福运牌果仁曲奇20 000袋、福运牌夹心酥20 000袋、福运牌苏打饼20 000袋、缘味牌奶黄饼20 000袋
50	12.12	从长沙市东塘农贸市场农民手中购入果仁5 000公斤，含税单价9元，鲜蛋10 000公斤，含税单价4.60元，公司以现金付款
51	12.15	从长沙市石油公司购入汽油12 000公升，柴油7 500公斤，以工行转账支票支付全部价税款
52	12.15	购入专用设备2#不锈钢发酵罐10台，本公司以工行转账支票结算方式支付长沙市食品设备公司全部设备款，设备当即验收入库
53	12.15	收到包装箱2 000个，包装袋800 00个。收到购入果仁5 000公斤，鲜蛋10 000公斤。收到汽油12 000公升，柴油7 500公升
54	12.15	配料车间咸式食品领用精面粉30 000公斤、普通面粉10 000公斤、咸蛋6 000公斤、食盐1 000公斤；配料车间甜式食品领用大米60 000公斤、精面粉30 000公斤、普通面粉20 000公斤、甜玉米20 000公斤、白砂糖5 000公斤、果仁4 000公斤；制作车间产品生产领用精油2 000公斤、味精500袋、1#香精200公斤、2#香精200公斤；包装车间产品生产领用包装袋300 000个、包装箱6 000个
55	12.15	编制本月1~15日"科目汇总表"，登记总账
56	12.15	根据11月"工资结算汇总表"签发转账支票一张，号码0914821011，收款人为本公司职工工资代发专户，金额为134 606.72元(已填制)，委托工行长沙市支行四方坪分理处办理代发工资转存信用卡业务。工资发放清单以软盘形式同时送交银行，并经银行审核
57	12.16	吉林省长春粮油批发公司发票账单已到，计购入黏玉米200 000公斤，购入甜玉米100 000公斤，同时收到"银行汇票"多余款收账通知，现进行账务处理
58	12.16	长春市铁路局委托长春粮贸中心向我公司收取玉米不含税运输费每公斤0.14元及不含税吊装费每公斤0.04元，运杂费以重量计入相应品类
59	12.16	长春市粮贸中心的玉米运到，实收黏玉米199 600公斤，甜玉米99 800公斤(定额内损耗)
60	12.16	企业发行5年期一次还本，分期付息的公司债券面值5 000 000元，票面利率为5%。债券发行款4 848 000元划入本公司存款账户，款项用于企业生产经营
61	12.16	售给衡阳市白果商场缘味牌煎饼40 000袋、福运牌果仁曲奇20 000袋、福运牌夹心酥20 000袋，以托收承付结算方式委托工行办理结算
62	12.16	配料车间领出2#不锈钢密封发酵罐10台，由本公司机修车间安装
63	12.17	报废配料车间原1#发酵罐10台，现根据固定资产报废清单进行账务处理

业务序号	日期	内　　容
64	12.17	报废的 1#发酵罐转让给长沙市金属回收公司,获款 8 000 元,对方以现金支付。同时结转清理损溢
65	12.17	包装车间产成品交库,福运牌夹心酥 40 000 袋,缘味牌奶黄饼 20 000 袋,缘味牌葱油香脆饼 30 000 袋,福运牌果仁曲奇 60 000 袋,福运牌苏打饼 40 000 袋,缘味牌煎饼 30 000 袋,福运牌早餐饼 80 000 袋
66	12.17	向工行申办的 2 000 000 元短期借款,接到银行通知,已转入本公司工行存款账户
67	12.17	接到物资管理部门通知,江西樟树市人民路商场所借金属货柜已收回,开出现金支票退还押金
68	12.18	汽车队替长沙市三角坪商场运货,应收运费 4 800 元,现通过工行办理同城委托收款手续
69	12.19	从工行电汇 300 000 元捐助学款给湘西花垣县古苗河希望小学,从营业外支出开支
70	12.19	企业准备征用长沙市开福区新港镇 3 000 平方米土地,应支付土地出让金 5 000 000 元,现从工行以转账支票预付市国土局土地出让保证金 1 000 000 元
71	12.22	配料车间咸式食品生产领用大米 20 000 公斤、精面粉 20 000 公斤、普通面粉 10 000 公斤、鲜蛋 5 000 公斤、食盐 1 000 公斤、咸蛋 2 000 公斤;配料车间甜式食品生产领用精面粉 30 000 公斤、甜玉米 20 000 公斤、普通面粉 20 000 公斤、白糖 3 000 公斤、果仁 2 000 公斤;配料车间领用润滑油 1 500 公斤;制作车间领用润滑油 100 公斤;汽车队领用汽油 4 000 公升、柴油 2 000 公升
72	12.22	接工行的利息收入通知单,银行转入本公司工行存款账户存款利息 2 320 元
73	12.22	接工行"计息通知单",银行扣取本公司本季度短期贷款应付利息 142 000 元
74	12.22	接工行"计息通知单",银行扣取本公司本季度扩建工程贷款利息 237 600 元(该借款为厂扩建工程建设期间利息,应全部资本化处理)
75	12.23	售给长沙星沙商城福运牌夹心酥 40 000 袋、福运牌早餐饼 80 000 袋、缘味牌奶黄饼 40 000 袋、福运牌苏打饼 40 000 袋、缘味牌葱油香脆饼 80 000 袋、福运牌果仁曲奇 20 000 袋、缘味牌煎饼 40 000 袋,对方签发三个月期的商业承兑汇票
76	12.23	按照与长沙市开福区新港镇签订的土地转让合同规定,开具转账支票支付长沙开福区新港镇土地使用权款 4 000 000 元
77	12.24	让售黏玉米 50 000 公斤给东兴食品厂,不含税转让价每公斤 1.50 元,对方送来已入账的"银行进账单"一份
78	12.24	接银行划账通知,支付本月金融机构手续费及凭证费共 2 680 元
79	12.24	根据本月"工资结算汇总表"和"五险一金结算汇总表"进行薪酬分配的账务处理
80	12.25	收到工行转来长沙市医疗保险中心和市人力资源和社会保障局的托收付款凭证,本月应缴纳(分别由个人和单位负担)的各项保险金共计 81 966.35 元,已支付

续表

业务序号	日期	内　　容
81	12.25	签发工行支票一张向长沙市住房公积金管理处缴付职工住房公积金 45 820.2 元(其中企业负担 24 280.10 元，个人负担 21540.10 元)
82	12.26	公司购买的三年期国库券到期兑现，面值 50 000 元，实收本金及利息共 59 000 元，已转入本公司存款账户
83	12.26	公司准备新年庆典，购入装饰品及灯具一批，共 8 480 元，以现金支付(当即领用安装)
84	12.26	市自来水公司以同城委托收款方式向本公司收取本月税费及税款共计 67 800 元。根据单证及有关部门用水统计表，进行账务处理
85	12.26	衡阳市白果商场托收已回，对方拒付少收煎饼 4 000 袋、果仁曲奇 2 000 袋的价税款。据查少收货物是途中发生行车事故所致
86	12.26	包装车间产品交库，计福运牌苏打饼 40 000 袋，缘味牌奶黄饼 50 000 袋，缘味牌煎饼 30 000 袋，缘味牌葱油香脆饼 50 000 袋，福运牌早餐饼 60 000 袋，福运牌夹心酥 60 000 袋，福运牌果仁曲奇 20 000 袋
87	12.26	从长沙市中盛食品有限公司购入鲜蛋 10 000 公斤，单价 4.40 元，白砂糖 5 000 公斤，单价 3.00 元，以转账支票支付全部价税款
88	12.29	以转账支票支付长沙新桥搬运公司本月产品运费共计 9 380 元，作公司管理费用处理
89	12.29	以按规定计提本月应缴房产税、车船使用税和城镇土地使用税
90	12.29	上缴全部应缴的房产税、车船使用税和城镇土地使用税
91	12.29	上缴企业代扣的个人所得税
92	12.29	配料车间咸式食品领用大米 30 000 公斤、黏玉米 20 000 公斤，甜式食品领用精面粉 40 000 公斤、普通面粉 20 000 公斤
93	12.29	开出转账支票，支付市电信局电话费 6 780 元
94	12.30	接到用电管理部门通知，现分配本月电费
95	12.30	汇总"领料单"，编制"发料凭证汇总表"，并进行发料的账务处理
96	12.30	摊销无形资产应摊价值
97	12.31	计提本月固定资产折旧
98	12.31	预提本月应付银行短期借款利息
99	12.31	根据"材料采购明细账"结转本月外购物资的材料成本差异，并计算和结转本月发出的材料成本差异
100	12.31	存货盘点清理，盘盈大米 5 000 公斤，盘亏精面粉 6 000 公斤，盘亏白砂糖 1 000 公斤
101	12.31	根据公司批复，进行存货毁损和盘盈盘亏的账务处理
102	12.31	将制造费用转入基本生产成本账户

业务序号	日期	内 容
103	12.31	分配辅助生产费用
104	12.31	计算各种产品的生产成本。编制"产品成本计算单""产成品成本分配表"和"产成品入库汇总表",并进行账务处理
105	12.31	计提坏账准备
106	12.31	结转本月销售产品的成本
107	12.31	计算本月应缴城市建设维护税和教育费附加
108	12.31	按月末汇率调整各外币账户期末余额
109	12.31	发酵罐安装工程竣工,交付使用,现结转账务
110	12.31	计算并处理本月企业应纳所得税
111	12.31	将各损溢类账户的余额结转至"本年利润"账户
112	12.31	将"本年利润"账户转入"利润分配——未分配利润"账户
113	12.31	按董事会决议进行利润分配,并将"利润分配"账户各子目的余额转入"利润分配——未分配利润"账户
114	12.31	编制"科目汇总表",登记总账,进行期末的结账和对账
115	12.31	编制会计报表

本 章 小 结

本章提供了实验所需的模拟企业总账系统建账资料,包括角色分工、系统控制参数、币别设置、凭证设置、结算方式、计量单位、机构设置、客户和供应商档案资料、职员档案、项目档案等,还提供了系统建账所需的企业期初数据,编写了模拟企业本月所发生的经济业务信息。

第3章 模拟企业处理各类经济业务的基础资料

企业经济业务的处理主要包括存货核算、固定资产核算、职工薪酬核算、应收应付款核算、成本核算、税务核算等,不同类型的经济业务核算有不同的处理要求以及详细的期初数据。

3.1 存货核算的基础资料

1. 产品售价表

湖南盛湘食品股份有限公司的分类产品售价如表 3-1 所示。

表 3-1　分类产品售价表

产品名称	计量单位	单　价	产品名称	计量单位	单　价
福运牌夹心酥	袋	3.80	福运牌苏打饼	袋	5.60
福运牌早餐饼	袋	3.30	缘味牌奶黄饼	袋	5.80
福运牌果仁曲奇	袋	5.50	缘味牌葱油香脆饼	袋	4.20
缘味牌煎饼	袋	4.30			

2. 材料计划价格目录

湖南盛湘食品股份有限公司的材料计划价格如表 3-2 所示。

表 3-2　分类材料计划价格表

材料类别	品　名	型号/规格	计量单位	计划单价
原料及主要材料	精面粉		公斤	1.96
	普通面粉		公斤	1.60
	大米	标-米	公斤	1.52
	黏玉米		公斤	1.38
	甜玉米		公斤	2.20
	鲜蛋		公斤	4.30
	咸蛋		公斤	5.60
	白砂糖		公斤	3.20
	食盐		公斤	1.50
	果仁		公斤	8.50

续表

材料类别	品 名	型号/规格	计量单位	计划单价
辅助材料	发酵粉		公斤	2.60
	精油		公斤	8.00
	味精	500 克装	袋	6.00
	香精	1#	公斤	27.00
	香精	2#	公斤	32.00
燃料	无烟煤		吨	364.00
	汽油	93#	公升	2.90
	柴油		公升	2.60
修理用备件	润滑油	10 公斤装	桶	46.00
	传动轴	$\phi 32 \times 1000$	根	226.00
	轴承	7315	副	28.00
	齿轮	$\phi 450$	套	488.00
	筛网	三层细密	平方米	56.00
	圆丝	8#	公斤	3.60
低值易耗品	日光灯管	40W	根	23.00
	料桶	50 公斤装	个	158.00
	水分测试仪		台	1 480.00
	工作服	四件套	套	228.00
包装箱	包装箱		个	3.00
	包装袋		个	0.30
	金属货柜		个	8 600.00

3.2 职工薪酬核算的基础资料

3.2.1 企业职工薪酬结算原则

(1) 日工资按月基础工资除以 21 天计算,基础工资由标准工资、岗位工资、浮动工资构成。

(2) 病、事假应扣工资均以日工资为基础计算。加班工资按 200 元一天发放,事假工资均按日工资全额发放;病假工资按规定的比例扣除。

(3) 每月奖金发放数为 600 元,缺勤 1~10 天,每天扣 50 元,缺勤超过 10 天则停发奖金。

(4) 公休工资照发,奖金照付。

(5) 个人应缴纳的住房公积金和各项保险,按下列标准计提。

① 住房公积按本人基础工资 10%计提。

② 失业保险按本人基础工资 1%计提。

③ 医疗保险按本人基础工资 2%计提。

④ 养老保险按本人基础工资 8%计提。

(6) 个人所得税以 5 000 元为起征点，每名职工应付薪酬扣除三险一金后低于 5 000 元的(此处不考虑专项扣除)，不用缴纳个人所得税，5 000～8 000 元按 3%的税率缴纳个人所得税，8 000～17 000 元按 10%的税率缴纳个人所得税。

3.2.2　职工工资卡片

湖南盛湘食品股份有限公司的职工工资如表 3-3 所示。

表 3-3　职工工资表

姓　名	工龄	职　务	级别	标准工资	岗位工资	浮动工资	基本工资
总　部							
张立山	28	董事长(厂办)	22	4 160.00	2 960.00	480.00	7 600.00
陈　红	20	副董事长(财务科)	20	4 040.00	2 860.00	400.00	7 300.00
孙正兴	12	副董事长(生产科)	20	3 935.00	2 860.00	370.00	7 165.00
王　莹	14	办公室主任(厂办)	20	3 920.00	2 800.00	280.00	7 000.00
石文管	8	科员(生产科)	6	3 758.00	2 240.00	240.00	6 238.00
吴　光	9	科员(筹资投资部)	7	3 800.00	2 240.00	240.00	6 280.00
王　伟	6	科员(财务科)	4	3 695.00	2 240.00	240.00	6 175.00
张　华	4	科员(财务科)	3	3 590.00	2 240.00	240.00	6 070.00
肖　光	2	科员(人事科)	2	3 485.00	2 240.00	240.00	5 965.00
合　计				34 383.00	22 680.00	2 730.00	59 793.00
配料车间							
杨柳华	18	车间主任	22	3 962.00	2 800.00	280.00	7 042.00
钱正红	16	车间技术员	20	3 890.00	2 480.00	240.00	6 610.00
小　计				7 852.00	5 280.00	520.00	13 652.00
孙大伟	12	工人	20	3 842.00	2 240.00	240.00	6 322.00
王晶莹	14	工人	20	3 863.00	2 240.00	240.00	6 343.00
文　青	8	工人	7	3 800.00	2 240.00	240.00	6 280.00
吴华光	9	工人	7	3 800.00	2 240.00	240.00	6 280.00
王丽现	6	工人	6	3 779.00	2 240.00	240.00	6 259.00
张河强	4	工人	6	3 758.00	2 240.00	240.00	6 238.00
胡广云	2	工人	2	3 464.00	2 240.00	240.00	5 944.00
小　计				26 306.00	15 680.00	1 680.00	43 666.00
合　计				34 158.00	20 960.00	2 200.00	57 318.00

续表

姓　名	工龄	职　务	级　别	标准工资	岗位工资	浮动工资	基本工资
制作车间							
邓应成	18	车间主任	22	4 962.00	3 800.00	280.00	9 042.00
刘渊博	16	车间技术员	20	4 890.00	3 480.00	240.00	8 610.00
小　计				9 852.00	7 280.00	520.00	17 652.00
郑小华	12	工人	8	4 842.00	2 240.00	280.00	6 362.00
郑清明	14	工人	9	4 863.00	2 240.00	240.00	6 343.00
易　安	8	工人	7	4 800.00	2 240.00	240.00	6 280.00
苟真如	9	工人	7	4 800.00	2 240.00	240.00	6 280.00
炎将来	6	工人	7	4 800.00	2 240.00	240.00	6 280.00
郭茵茵	4	工人	6	4 632.00	2 240.00	240.00	6 112.00
谢玉运	2	工人	2	4 464.00	2 240.00	240.00	5 944.00
王良伟	9	工人	7	4 800.00	2 240.00	240.00	6 280.00
张新华	6	工人	7	4 800.00	2 240.00	240.00	6 280.00
肖小光	4	工人	3	4 632.00	2 240.00	240.00	6 112.00
小　计				37 433.00	32 400.00	2 440.00	62 273.00
合　计				57 285.00	39 680.00	2 960.00	79 925.00
包装车间							
胡环保	18	车间主任	22	3 962.00	2 280.00	280.00	6 522.00
杨方华	16	车间技术员	20	3 890.00	2 240.00	240.00	6 370.00
小　计				7 852.00	4 520.00	520.00	12 892.00
刘盛顿	12	工人	8	3 842.00	2 240.00	240.00	6 322.00
区成名	14	工人	9	3 863.00	2 240.00	240.00	6 343.00
陈胜利	8	工人	7	3 800.00	2 240.00	240.00	6 280.00
唐方字	9	工人	7	3 800.00	2 240.00	240.00	6 280.00
王游伟	6	工人	7	3 800.00	2 240.00	240.00	6 280.00
张良华	4	工人	6	3 632.00	2 240.00	240.00	6 112.00
肖河光	2	工人	2	3 464.00	2 240.00	240.00	5 944.00
小　计				26 201.00	15 680.00	1 680.00	43 561.00
合　计				34 053.00	20 200.00	2 200.00	56 453.00
汽车队							
张蓝天	18	队长	22	3 962.00	2 280.00	280.00	6 522.00
郭　俊	16	副队长	20	3 890.00	2 480.00	240.00	6 610.00
小　计				5 852.00	4 760.00	520.00	13 132.00
吴　根	12	司机	8	3 842.00	2 240.00	240.00	6 322.00
王光荣	14	司机	9	3 863.00	2 240.00	280.00	6 383.00
张芝华	8	司机	7	3 800.00	2 240.00	240.00	6 280.00
肖旺光	9	司机	7	3 800.00	2 240.00	240.00	6 280.00
小　计				15 305.00	8 960.00	1 000.00	25 265.00
合　计				23 157.00	13 720.00	1 520.00	38 397.00

续表

姓 名	工龄	职 务	级 别	标准工资	岗位工资	浮动工资	基本工资
机修车间							
李天文	18	车间主任	22	3 962.00	2 800.00	240.00	8 002.00
王立军	16	车间技术员	20	3 890.00	2 480.00	240.00	7 610.00
小 计				7 852.00	5 280.00	480.00	15 612.00
刘 伟	12	机修工	7	3 800.00	2 240.00	240.00	6 280.00
张清华	14	机修工	9	3 863.00	2 240.00	240.00	6 343.00
潘光明	8	机修工	7	3 800.00	2 240.00	240.00	6 280.00
小 计				11 463.00	6 720.00	720.00	18 903.00
合 计				19 315.00	11 000.00	1 200.00	34 515.00

3.2.3 考勤统计表

湖南盛湘食品股份有限公司的职工考勤如表 3-4 所示。

表 3-4 职工考勤统计表

姓 名	职 务	出勤分类				缺勤分类			
		出勤	加班	迟到	早退	工伤假	公假	病假	事假
总部									
张立山	董事长	22	2						
陈 红	副董事长	22	2						
孙正兴	副董事长	20	2				2		
王 莹	办公室主任	18	5					4	
石文管	科员	20	3						2
吴 光	科员	20	3					2	
王 伟	科员	22	2						
张 华	科员	18	3					2	
肖 光	科员	22	2						
合 计		186	24				2	8	2
配料车间									
杨柳华	车间主任	22	2						
钱正红	车间技术员	21	2					1	
孙大伟	工人	22	3						
王晶莹	工人	18							1
文 青	工人	20							2
吴华光	工人	22							

姓　名	职　务	出勤分类				缺勤分类			
		出勤	加班	迟到	早退	工伤假	公假	病假	事假
王丽现	工人	22	2						
张河强	工人	18	3						2
胡广云	工人	22	2						
合　计		187	14						6
制作车间									
邓应成	车间主任	22	2						
刘渊博	车间技术员	21	2				1		
郑小华	工人	22	3						
郑清明	工人	18						1	2
易　安	工人	20				2			
荀真如	工人	22							
炎将来	工人	22	2						
郭茵茵	工人	18	3					2	2
谢玉运	工人	22	2						
王良伟	工人	22	3						
张新华	工人	18	3					2	2
肖小光	工人	22	2						
合　计		249	22			2	1	5	6
包装车间									
胡环保	车间主任	22	2						
杨方华	车间技术员	22	2						
刘盛顿	工人	20	2					2	
区成名	工人	22	3						
陈胜利	工人	22	2						
唐方字	工人	18	3					2	2
王游伟	工人	22	2						
张良华	工人	18	3					2	2
肖河光	工人	22	2						
合　计		188	21					6	4
汽车队									
张蓝天	队长	22							
郭　俊	副队长	22							
吴　根	司机	20	3						2
王光荣	司机	22	2						

续表

姓　名	职　务	出勤分类				缺勤分类			
		出勤	加班	迟到	早退	工伤假	公假	病假	事假
张芝华	司机	18	3					2	2
肖旺光	司机	22	2						
合　计		126	10					2	4
机修车间									
李天文	车间主任	22							
王立军	车间技术员	22	2						
刘　伟	机修工	22	2						
张清华	机修工	18	3					2	2
潘光明	机修工	22	2						
合　计		106	9					2	2

3.2.4　六个月以内病假期间薪酬待遇的有关规定

湖南盛湘食品股份有限公司六个月以内病假期间薪酬待遇的有关规定如表 3-5 所示。

表 3-5　职工病假期间薪酬待遇分配比率表

工　龄	不满 2 年	满 2 年不满 4 年	满 4 年不满 6 年	满 6 年不满 8 年	8 年以上
病假职工薪酬为本人基础工资的百分比	60%	70%	80%	90%	100%

3.2.5　工资系统电算化基础资料

1. 建立工资账套

工资类别个数：一个；核算币种：人民币 RMB；要求代扣个人所得税；不进行扣零处理。人员编码长度：3 位；启用日期：20××年 12 月 1 日。

2. 基础信息设置

1) 人员类别设置

人员类别设置包括企业管理人员、基本生产人员、辅助生产人员、车间管理人员。

2) 工资项目设置

工资项目设置如表 3-6 所示。

3) 银行名称设置

通过中国工商银行长沙市支行四方坪分理处代发工资，单位编号为：1234567868。

表 3-6　工资项目设置表

项目名称	类　型	长　度	小数位数	工资增减项
工龄	N	3	0	其他
标准工资	N	10	2	增项
岗位工资	N	10	2	增项
浮动工资	N	10	2	增项
基础工资	N	10	2	增项
奖金	N	6	2	增项
交通补贴	N	6	2	增项
加班工资	N	6	2	增项
应发工资	N	10	2	增项
病假扣款	N	8	2	减项
事假扣款	N	8	2	减项
住房公积金	N	8	2	减项
失业保险金	N	8	2	减项
医疗保险金	N	8	2	减项
养老保险金	N	8	2	减项
代扣税	N	8	2	减项
扣款合计	N	8	2	减项
实发工资	N	10	2	增项
日工资	N	8	2	其他
事假天数	N	8	0	其他
病假天数	N	8	0	其他
加班天数	N	8	0	其他

4) 机构设置

机构设置情况表见第 2 章表 2-6。

3. 工资类别及计算方法

职工工资类别如表 3-3 所示。

工资项目包括：工龄、标准工资、岗位工资、浮动工资、基础工资、奖金、交补、加班工资、应发合计、病假扣款、事假扣款、住房公积金、失业保险金、医疗保险金、养老保险金、代扣税、扣款合计、实发合计、日工资、事假天数、病假天数、计税基数等，其计算方法如表 3-7 所示。

4. 代扣个人所得税

所得项目为：工资；对应工资项目：计税基数(计税基数为应付工资扣除五险一金后的数额)。

表 3-7　工资计算公式表

工资项目	定义公式
基本工资	标准工资+岗位工资+浮动工资
奖金	IFF((病假+事假)>10，0，IFF(病假+事假)≤10，310-(病假+事假)天数×10)
应发工资	基础工资+奖金+加班补贴+交通补贴-病假扣款-事假扣款-物业管理费-电话超支款
日工资	基础工资/21
病假扣款	IFF(工龄≥8，0，IFF(工龄)≥6 AND 工龄<8，日工资×病假天数×0.1，IFF(工龄)≥4 AND 工龄<6，日工资×病假天数×0.2，IFF(工龄)≥2 AND 工龄<4，日工资×病假天数×0.3，IFF(工龄)<2，日工资×病假天数×0.4)
事假扣款	事假天数×日工资
加班工资	加班天数×日工资
住房公积金	基本工资×0.10
失业保险金	基本工资×0.01
医疗保险金	基本工资×0.02
养老保险金	基本工资×0.08

5. 工资分摊——均指企业负担的部分

工资分摊的核算部门、分摊类型及计算公式如下。

核算部门：管理部门、基本生产车间、辅助生产车间(机修车间、汽车队)。

分摊类型名称：应付工资总额、应付福利费、工会经费、教育经费、养老保险金、医疗保险金、失业保险金、工伤保险金、生育保险金、住房公积金。

计算公式：

应付工资总额=应付工资×100%

养老保险金=(基本工资+奖金)×12%

医疗保险金=(基本工资+奖金)×8%

失业保险金=(基本工资+奖金)×2%

工伤保险金=(基本工资+奖金)×1%

生育保险金=(基本工资+奖金)×1%

住房公积金=(基本工资+奖金)×10%

各部门的工资分摊科目如表 3-8 所示。

表 3-8　工资分摊表

车间、部门		工资分摊	工资总额		应付福利费		工会经费、教育经费、养老保险金	
			借方	贷方	借方	贷方	借方	贷方
管理部门		管理人员	6 602.04	2 211.01	6 602.06	2 211.02		
生产部门	基本生产车间	配料车间管理人员	5 101.01	2 211.01	5 101.01	2 211.02	6 602.07	2 241.01

车间、部门		工资分摊	工资总额		应付福利费		工会经费、教育经费、养老保险金	
			借方	贷方	借方	贷方	借方	贷方
生产部门	基本生产车间	制作车间管理人员	5 101.02	2 211.01	5 101.02	2 211.02		
		包装车间管理人员	5 101.03	2 211.01	5 101.03	2 211.02		
		生产人员	5 001.03	2 211.01	5 001.03	2 211.02		
	辅助生产车间	机修车间	5 002.01	2 211.01	5 002.01	2 211.02		
		汽车队	5 002.02	2 211.01	5 002.02	2 211.02		

3.3 固定资产核算的基础资料

3.3.1 企业计提固定资产折旧的方法

(1) 包装车间的 1#、2#、3#包装机采用年数总和法计提折旧。

(2) 其他部门的各类固定资产均采用直线法计提折旧。

(3) 已计提减值准备的固定资产需按重新估计的使用年限和预计净残值率计算其折旧率。

(4) 已计提减值准备的固定资产其折旧计提基数为预计可变现净值,其他固定资产折旧的计提基数均为月初原值。

1. 采用年数总和法计提折旧的固定资产

湖南盛湘食品股份有限公司采用年数总和法计提折旧的固定资产,如表 3-9 所示。

表 3-9 采用年数总和法计提折旧的固定资产表

使用部门	固定资产名称	预计使用年限	已使用年限
包装车间	1#成套食品包装机	10 年	7 年又 4 个月
包装车间	2#成套食品包装机	10 年	6 年又 8 个月
包装车间	3#成套食品包装机	10 年	3 年又 1 个月

2. 已计提减值准备的固定资产

湖南盛湘食品股份有限公司已计提减值准备的固定资产,如表 3-10 所示。

表 3-10 已计提减值准备的固定资产表

使用部门	固定资产名称	重新估计的使用年限	净残值率	累计已计提的减值准备
制作车间	2#成套食品制作机	5 年	5%	200 000.00
制作车间	1#成套食品制作机	8 年	4%	400 000.00

3. 其他固定资产的分类折旧率

湖南盛湘食品股份有限公司采用分类折旧率计提折旧的固定资产，如表 3-11 所示。

表 3-11　采用分类折旧率计提折旧的固定资产表

固定资产类别	年折旧率	固定资产类别	年折旧率
车间用房屋	4.8%	车间工作机器	6%
厂部办公楼	2.4%	厂部工作机器	12%
厂部仓库	3.6%	运输设备	9.6%
厂部食堂	2.4%	建筑物	7.2%

3.3.2　固定资产电算系统基础资料

1. 建立固定资产账套控制

湖南盛湘食品股份有限公司建立的固定资产账套控制方式，如表 3-12 所示。

表 3-12　固定资产账套控制方式表

控制方式	参数设置
约定与说明	我同意
启用月份	20××年 12 月
折旧信息	本账套计提折旧；折旧方法：年数总和法、直线法；折旧汇总分配周期为 1 个月；当月初已计提月份=可使用月份-1 时，将剩余折旧全部提足
编码方式	资产类别编码方式为 2112；固定资产编码方式：按"类别编码+部门编码+序号"自动编码，卡片序号长度为 3
财务接口	要求与账务系统对账，固定资产对账科目：1601 固定资产；累计折旧对账科目：1602 累计折旧；在账目不平的情况下不允许月末结账
补充参数	业务发生后立即制单，月末结账前一定要完成制单登账业务；已注销的卡片 5 年后删除；固定资产缺省入账科目：1601，累计折旧缺省入账科目：1602

2. 部门对应的折旧科目

湖南盛湘食品股份有限公司各部门对应的折旧科目，如表 3-13 所示。

3. 固定资产的类别

湖南盛湘食品股份有限公司的固定资产类别，如表 3-14 所示。

4. 固定资产的增减方式设置

湖南盛湘食品股份有限公司的固定资产增减方式，如表 3-15 所示。

表 3-13　各部门对应的折旧科目表

所在部门		对应折旧科目	
编码	名称		
1	管理部门	管理费用	660205
201	基本生产车间——配料车间	制造费用——配料车间	510101
202	基本生产车间——制作车间	制造费用——制作车间	510102
203	基本生产车间——包装车间	制造费用——包装车间	510103
301	辅助生产车间——机修车间	辅助生产成本——机修车间	500201
302	辅助生产车间——汽车队	辅助生产成本——汽车队	500202

表 3-14　固定资产类别表

编码	类别名称	使用年限	单位	计提属性
01	房屋及建筑物	30		正常计提
011	房屋	30		正常计提
012	建筑物	30		正常计提
02	通用设备	10		正常计提
021	生产用设备	10		正常计提
022	非生产用设备	10		正常计提
03	交通运输设备	10	辆	正常计提
031	生产用运输设备	10	辆	正常计提
032	非生产用运输设备	10		正常计提
04	电子设备及通信设备	6		正常计提
041	生产用设备	6	台	正常计提
042	非生产用设备	6	台	正常计提
05	不需用设备			

表 3-15　固定资产的增减方式一览表

增加方式	对应入账科目	减少方式	对应入账科目
直接购入	工行存款人民币户	出售	固定资产清理
投资者投入	实收资本——外单位投资	盘亏	待处理固定资产损溢
盘盈	待处理固定资产损溢	捐赠转出	固定资产清理
在建工程转入		报废	固定资产清理
融资租入		毁损	固定资产清理

5. 固定资产原始卡片

湖南盛湘食品股份有限公司的固定资产原始卡片，如表 3-16 所示。

表 3-16　固定资产原始卡片表

固定资产名称	类别编码	所在部门	增加方式	开始使用日期	原　值	累计折旧	对应折旧科目
房屋	11	配料车间	在建工程转入	2009.3.6	5 400 000.00	921 590.00	制造费用
1#配料设备	21	配料车间	直接购入	2011.7.1	500 000.00	104 730.00	制造费用
2#配料设备	21	配料车间	直接购入	2011.3.7	600 000.00	125 670.00	制造费用
3#配料设备	21	配料车间	直接购入	2011.7.1	800 000.00	167 560.00	制造费用
1#发酵罐	21	配料车间	直接购入	2006.12.17	420 000.00	87 970.00	制造费用
2#发酵罐	21	配料车间	直接购入	2011.3.10	500 000.00	104 730.00	制造费用
3#发酵罐	21	配料车间	直接购入	2010.3.1	580 000.00	121 480.00	制造费用
房屋	11	制作车间	在建工程转入	2009.6.8	4 700 000.00	984 430.00	制造费用
1#成套食品制作机	5	制作车间	直接购入	2011.5.17	3 500 000.00	1 000 000.00	制造费用
2#成套食品制作机	21	制作车间	直接购入	2009.6.9	1 800 000.00	600 000.00	制造费用
3#成套食品制作机	21	制作车间	直接购入	2010.12.10	3 400 000.00	489 140.00	制造费用
4#成套食品制作机	21	制作车间	直接购入	2011.1.19	3 600 000.00	754 030.00	制造费用
房屋	11	包装车间	在建工程转入	2009.3.18	4 600 000.00	963 480.00	制造费用
1#成套包装机	21	包装车间	直接购入	2008.7.10	1 152 000.00	281 500.00	制造费用
2#成套包装机	21	包装车间	直接购入	2009.3.1	1 152 000.00	261 290.00	制造费用
3#成套包装机	21	包装车间	直接购入	2012.12.3	1 344 000.00	221 290.00	制造费用
房屋	11	机修车间	在建工程转入	2009.12.5	4 800 000.00	586 470.00	辅助生产成本
配电房	11	机修车间	在建工程转入	2009.6.1	1 000 000.00	209 450.00	辅助生产成本
车床	21	机修车间	直接购入	2011.5.7	360 000.00	75 400.00	辅助生产成本
铣床	21	机修车间	直接购入	2010.4.6	300 000.00	62 840.00	辅助生产成本

续表

固定资产名称	类别编码	所在部门	增加方式	开始使用日期	原 值	累计折旧	对应折旧科目
刨床	21	机修车间	直接购入	2009.2.18	280 000.00	58 650.00	辅助生产成本
钻床	21	机修车间	直接购入	2010.3.16	200 000.00	41 890.00	辅助生产成本
镗床	21	机修车间	直接购入	2011.12.1	400 000.00	83 780.00	辅助生产成本
磨床	21	机修车间	直接购入	2010.2.10	300 000.00	62 840.00	辅助生产成本
配电设备	21	机修车间	直接购入	2011.3.18	1 000 000.00	209 450.00	辅助生产成本
房屋	11	汽车队	在建工程转入	2009.3.14	2 500 000.00	314 180.00	辅助生产成本
小轿车	31	汽车队	直接购入	2011.3.5	4 000 000.00	628 360.00	辅助生产成本
轻型汽车	31	汽车队	直接购入	2010.3.8	4 000 000.00	418 900.00	辅助生产成本
重型汽车	31	汽车队	直接购入	2011.3.1	4 400 000.00	502 700.00	辅助生产成本
办公楼	11	厂部	在建工程转入	2009.2.2	7 000 000.00	989 799.10	管理费用
1#仓库	11	厂部	在建工程转入	2009.2.14	1 500 000.00	314 180.00	管理费用
2#仓库	11	厂部	在建工程转入	2010.5.12	1 000 000.00	209 450.00	管理费用
职工食堂	11	厂部	在建工程转入	2009.1.13	1 000 000.00	209 450.00	管理费用
围墙	12	厂部	在建工程转入	2008.7.1	300 000.00	62 840.00	管理费用
计算机	41	厂部	直接购入	2009.12.4	600 000.00	125 670.00	管理费用

3.4　应收应付款管理基础资料

3.4.1　应收款管理系统

(1) 湖南盛湘食品股份有限公司的应收款业务控制方式如表 3-17 所示。

表 3-17　应收款业务控制方式表

控制方式	方式设置	控制方式	方式设置
应收款核销方式	按单据	受控科目制单方式	明细到客户
坏账处理方式	应收余额百分比法	控制科目依据	按客户
代垫费用类型	其他应收单	销售科目依据	按存货分类
是否自动计算现金折扣	是	录入发票是否显示提示信息	显示
应收款核算类型	详细核算	月末结账前是否全部制单	是

(2) 湖南盛湘食品股份有限公司的应收款基本科目设置如下。

应收科目：1122.01；

预收科目：2203；

销售收入科目：6001；

应缴增值税科目：2221.01.03；

银行承兑科目：1121.01；

现金折扣科目：6603.03；

票据费用科目：6603.02。

(3) 湖南盛湘食品股份有限公司的应收款结算方式及科目设置如下。

现金结算：库存现金(1001)；

现金支票：库存现金(1001)；

转账支票：银行存款——工行存款人民币户(1002.01)；

银行承兑汇票：主营业务收入(6001)。

(4) 湖南盛湘食品股份有限公司的应收款坏账准备设置如下。

提取比率：0.5‰；

坏账准备期初余额：25 260；

坏账准备科目：1231；

对方科目：6602.06。

(5) 湖南盛湘食品股份有限公司的应收款账龄区间设置如表 3-18 所示。

表 3-18　应收款账龄区间表

序　号	起止天数	总　天　数
01	1～30	30

续表

序　号	起止天数	总　天　数
02	31～60	60
03	61～90	90
04	90～120	120
05	121 以上	

(6) 湖南盛湘食品股份有限公司的应收款报警级别设置如表 3-19 所示。

表 3-19　应收款报警级别表

序　号	总比率/%	级别名称
01	10	A
02	30	B
03	50	C
04	100	D
05	E	

(7) 湖南盛湘食品股份有限公司的应收款期初余额见第 2 章表 2-33 和表 2-34。

3.4.2　应付款管理系统

(1) 湖南盛湘食品股份有限公司的应付款业务控制方式如表 3-20 所示。

表 3-20　应付款业务控制方式表

控制方式	方式设置	控制方式	方式设置
应付款核销方式	按单据	受控科目制单方式	明细到供应商
是否自动计算现金折扣	是	控制科目依据	按供应商
汇兑损益方式	月末处理	采购科目依据	按存货
应付款核算类型	详细核算	月末结账前是否全部制单	是

(2) 湖南盛湘食品股份有限公司的应付款基本科目设置如下。

应付科目：2202.01；

预付科目：1123.01；

采购科目：1401；

采购税金科目：2221.01.01；

商业承兑科目：2201.01；

票据利息科目：6603.01；

票据费用科目：6603.02。

(3) 湖南盛湘食品股份有限公司的应付款结算方式及科目设置如下。

现金结算：库存现金(1001)；

现金支票：库存现金(1001)；

转账支票：银行存款——工行存款人民币户(1002.01)；

商业承兑汇票：材料采购(1401)。

(4) 湖南盛湘食品股份有限公司的应付款账龄区间设置如表 3-21 所示。

表 3-21　应付款账龄区间表

序　号	起止天数	总天数
01	1～30	30
02	31～60	60
03	61～90	90
04	90～120	120
05	121 以上	

(5) 湖南盛湘食品股份有限公司的应付款报警级别设置如表 3-22 所示。

表 3-22　应付款报警级别表

序　号	总比率/%	级别名称
01	10	A
02	30	B
03	50	C
04	100	D
05		E

(6) 湖南盛湘食品股份有限公司的应付款期初余额见第 2 章表 2-35 和表 2-36。

注意：机构设置、职员档案、供应商与客户分类、供应商与客户资料等见 2.1 节。

3.5　成本核算的基础资料

3.5.1　车辆内部使用情况统计表

湖南盛湘食品股份有限公司的车辆内部使用情况如表 3-23 所示。

表 3-23　车辆内部使用情况统计表

使用部门	小 轿 车			轻型货车 2.5T			重型货车 5T		
	使用/小时	计费单价/元	金额/元	台班/个	计费单价/元	金额/元	台班/个	计费单价/元	金额/元
厂部行政部门	400	30.00	12 000.00	100	400.00	40 000.00	50	800.00	40 000.00

续表

使用部门	小轿车			轻型货车 2.5T			重型货车 5T		
	使用/小时	计费单价/元	金额/元	台班/个	计费单价/元	金额/元	台班/个	计费单价/元	金额/元
厂部销售部门	300	30.00	9 000.00	80	400.00	32 000.00	70	800.00	56 000.00
配料车间	40	30.00	1 200.00						
制作车间	80	30.00	2 400.00						
包装车间	20	30.00	600.00						
机修车间	60		1 800.00	30	400.00	12 000.00			
围墙改建							40	800.00	32 000.00
合计	900		27 000.00	210		84 000.00	160		128 000.00

3.5.2　产量统计表

湖南盛湘食品股份有限公司各车间产量如表 3-24～表 3-26 所示。

表 3-24　配料车间产品产量统计表 计量单位：袋

产品名称	月初在产品数量	本月投入量	本月完工量	期末在产品数量
福运牌夹心酥	50 000	120 000	150 000	20 000
福运牌早餐饼	30 000	220 000	200 000	50 000
福运牌果仁曲奇	10 000	100 000	80 000	30 000
缘味牌煎饼	40 000	100 000	120 000	20 000
福运牌苏打饼	20 000	100 000	110 000	10 000
缘味牌奶黄饼	20 000	100 000	90 000	10 000
缘味牌葱油香脆饼	30 000	100 000	100 000	30 000

表 3-25　制作车间产品产量统计表 计量单位：袋

产品名称	月初在产品数量	本月投入量	本月完工量	期末在产品数量
福运牌夹心酥	20 000	150 000	140 000	30 000
福运牌早餐饼	40 000	200 000	200 000	40 000
福运牌果仁曲奇	30 000	80 000	100 000	10 000

续表

产品名称	月初在产品数量	本月投入量	本月完工量	期末在产品数量
福运牌苏打饼	60 000	120 000	150 000	30 000
缘味牌煎饼	10 000	110 000	100 000	20 000
缘味牌奶黄饼	30 000	90 000	120 000	
缘味牌葱油香脆饼	30 000	100 000	110 000	20 000

表 3-26　包装车间产品产量统计表　　　　　　　　　　计量单位：袋

产品名称	月初在产品数量	本月投入量	本月完工量	期末在产品数量
福运牌夹心酥	40 000	140 000	150 000	30 000
福运牌早餐饼	60 000	200 000	220 000	40 000
福运牌果仁曲奇	10 000	100 000	80 000	30 000
福运牌苏打饼	20 000	150 000	140 000	30 000
缘味牌煎饼	10 000	100 000	90 000	20 000
缘味牌奶黄饼	20 000	120 000	130 000	10 000
缘味牌葱油香脆饼	20 000	110 000	110 000	20 000

3.5.3　基本生产车间的工时统计表

湖南盛湘食品股份有限公司基本生产车间的工时如表 3-27 所示。

表 3-27　基本生产车间工时统计表

基本车间名称	甜式食品实用工时	咸式食品实用工时	合　计
配料车间	8 800	7 200	16 000
制作车间	11 000	9 000	20 000
包装车间	7 000	5 000	12 000

3.5.4　机修车间的生产工时统计表

湖南盛湘食品股份有限公司机修车间的工时如表 3-28 所示。

表 3-28　机修车间工时统计表

项　　目	实用工时	项　　目	实用工时
配料车间机器修理	1 200	车队修理	1 400
制造车间机器修理	1 600	发酵罐安装工程	1 600
包装车间机器修理	800	合计	6 600

3.6 企业纳税的基础资料

3.6.1 应交增值税

(1) 湖南盛湘食品股份有限公司为一般纳税人,产品销售和材料让售均需缴纳增值税,其中产品销售的增值税税率为16%;材料让售的增值税税率:农副产品为10%,其他为16%。

(2) 企业的进项税额应按供货方提供的发票单证的增值税额确认,由于工程物资用于建设不动产的,应按照不动产进项税额抵扣规定进行抵扣,其进项税额应按照有关规定分两年从销项税额中抵扣,第一年抵扣比例为60%,第二年抵扣比例为40%。

(3) 企业外购应税物资所支付的运输费用,可按运费发票所列运费总额的6%计算进项税额;从农民手中购进的农副产品按其金额的10%计算进项税额。从批发、零售环节购进适用免征增值税政策的部分鲜活肉蛋而取得的普通发票,不得作为计算抵扣进项税额的凭证。

(4) 非应税项目或免税产品(指增值税)所耗费的外购费用,应进行"进项税额转出",将其成本调整为含税成本。

未缴纳增值税的项目应转出进项税额=其所耗费的外购项目金额×增值税税率

本实验为方便操作,公式中的增值税税率统一确定为16%。

(5) 让售产品或物资,若为含税价,应进行价税分离。

$$不含税价=含税价÷(1+增值税税率)$$
$$增值税额=含税价-不含税价$$

3.6.2 应交房产税

房产税按房屋类固定资产的月初原值扣减30%后的余值,按季缴纳,其中:职工住房可减征50%的房产税。

3.6.3 应交土地使用税

土地使用税按企业占地面积乘以适用纳税标准按季缴纳。

模拟企业占地面积为48 000平方米,纳税标准为每平方米0.50元。

3.6.4 车船使用税

按实际使用车辆吨(座)位数及相关纳税标准一年内分两次缴纳。

(1) 车辆应税额如表3-29所示。

(2) 湖南盛湘食品股份有限公司现有车辆情况如下。

① 12 座以下乘人汽车 10 辆。

② 载货汽车 20 辆。

表 3-29 车辆应税额表

项 目	计税标准	每年税额	附 注
乘人汽车	12 座以下每辆	360 元	月税额 30 元
	13～22 座每辆	360 元	月税额 30 元
乘人汽车	23～40 座每辆	360 元	月税额 30 元
	41 座以上	360 元	月税额 30 元
载货汽车	按净吨位每吨	180 元	月税额 15 元

3.6.5 应交城市建设维护税

湖南盛湘食品股份有限公司以实付增值税和消费税为依据计算应缴纳的城市维护建设税，根据增值税和消费税之和乘以适用税率，适用税率为 7%。

3.6.6 应交教育费附加

应交教育费附加的收入项目、计缴基数与应交城市建设维护税一致，其适用税率为 2%。

3.6.7 应交所得税(企业应交)

(1) 企业应交所得税是以在会计利润的基础上按照《税法》规定做相应调整后的"应纳税所得额"为基数。

(2) 湖南盛湘食品股份有限公司的所得税税率为 25%。

(3) 本实验所涉及的调整项目及相关数据资料如下。

① 业务招待费。按现行《税法》规定，企业发生的与生产经营有关的业务招待费支出按照发生额的 60% 扣除，但最高不得超过当年销售(营业)收入的 5‰。

上述全年销售收入净额含模拟企业的主营业务收入和其他业务收入。

企业本年度 1～11 月累计发生的业务招待费为 326 400.00 元。

② 广告费。按现行《税法》规定，纳税人每一纳税年度在生产经营过程中发生的广告费不得超过销售(营业)收入的 15%，超过部分无限期结转扣除。

可在税前列支的广告费=企业全年销售收入净额×规定比例

本实验确定的规定比例为 15%。

企业本年度 1～11 月累计发生的广告费为 820 000.00 元。

③ 非公益性捐赠，罚金支出，资产减值准备。上列三项支出，按现行《税法》规定，均不得在税前扣除，故在进行应纳税所得额计算时，均应将本年度所发生的上列三项支出，调增企业应纳税所得额，上列三项支出的全年累计发生额可通过"营业外支出"账户取得。

④ 国库券利息收入。按现行《税法》规定，国库券利息收入不计入应纳所得额。故在进行纳税调整时，企业本年度所获得的国库券利息收入应调减企业的"应纳税所得额"。

企业所获得的国库券利息收入可由"投资收益"明细账的发生额分析取得，本年度企业 1～11 月累计的国库券利息收入额为 120 000 元。

上列纳税调整原则，若税法有所改变，应按新税法进行。

此外，本实验设定，企业应缴纳的五项保险及住房公积金已经税务机关批准，可在税前据实列支，故不需计算其应调整额。

3.7　其他经济业务的基础资料

3.7.1　企业差旅费报销的相关规定

(1) 职工出差经批准乘坐的各种交通工具费用及与出差相关的各种杂费可据实报销。

(2) 职工夜间未乘坐卧铺，连续时间超过 6 小时以上的，可按票价的 60%计发夜间乘车补助。

(3) 职工出差，每天给予 80 元的伙食费补贴。

(4) 职工出差，每天给予 80 元的交通补助，不再报销出差地的市内交通费。

(5) 职工的住宿费用，实行定额包干办法。其中，高层管理人员住宿费为每天 400 元；中层管理人员住宿费为每天 280 元；一般人员住宿费为每天 260 元。可计算的住宿天数以实际应住天数为准。

3.7.2　外币汇率

人民币兑美元的月初汇率为 6.60：1。
人民币兑美元的月末汇率为 6.50：1。

3.7.3　银行借款利息率及贴现率

工商银行短期借款月利息率为 0.36%。
工商银行长期借款月利息率为 0.40%。
工商银行贴现期月利息率为 0.6%。
预提应付银行利息按算头不算尾的方法进行。

3.7.4　企业应缴住房公积金及五项保险的资料

企业应缴住房公积金及三项保险的计缴基数为本期企业全部职工的"基础工资"。
(1) 住房公积金的计缴比例为 10%。

(2) 失业保险的计缴比例为 2%。

(3) 养老保险的计缴比例为 20%。

(4) 医疗保险的计缴比例为 10%。

(5) 工伤保险的计缴比例为 0.5%。

(6) 生育保险的计缴比例为 0.5%。

3.7.5　无形资产摊销期限

商标使用权摊销期限为 5 年，土地使用权摊销期限为 50 年。

3.7.6　企业利润分配的基础资料

(1) 法定盈余公积计提比例为 10%，以本年净利润为基数。

(2) 法定公益金计提比例为 5%，以本年净利润为基数。

(3) 按提取盈余公积和公益金后全部剩余利润的 70%，对投资者按投资比例分配利润(投资者的投资比例见第 1 章 1.1 节)。

本　章　小　结

本章提供了日常账务处理实验操作所需的有关存货、固定资产、职工薪酬、应收应付款、成本等方面核算的基础资料，具体包括存货的单价与规格、固定资产的状况、职工薪酬标准、应收应付要求、成本核算的要求、税金计算标准、差旅费报销有关规定、外币汇率、银行借款利率及贴现率、无形资产摊销期限、企业利润分配相关规定等。

第4章 模拟企业编制会计报告的基础资料

企业编制会计报告、进行财务分析与评价时需要往期的数据和计划的数据资料；企业对外提供的财务报表主要有资产负债表、利润表和现金流量表；企业对内进行成本分析时需要编制产品生产及销售成本表；编制银行存款余额调节表时需获取开户银行的银行对账单。

4.1 企业会计报告和财务评价的有关历史及计划资料

4.1.1 本年度有关平均指标计算所需要的资料

湖南盛湘食品股份有限公司本年度有关资产总计余额、流动资产合计余额、应收账款余额和存货余额的平均指标如表 4-1 所示。

表 4-1 本年度有关资产余额的平均指标表

时 间	资产总计余额	流动资产合计余额	应收账款余额	存货余额
1 月初	96 618 734.60	27 011 119.00	4 975 000.00	5 236 257.40
1 月末	95 483 625.50	26 846 534.20	5 048 000.00	5 038 642.80
2 月末	96 384 373.10	27 426 573.60	5 236 000.00	5 324 687.60
3 月末	94 675 842.20	26 387 524.70	4 863 500.00	4 824 652.40
4 月末	95 368 867.60	26 437 652.40	6 245 000.00	4 937 023.80
5 月末	96 234 435.80	27 038 265.90	5 776 000.00	5 138 246.70
6 月末	9 624 376.90	26 848 362.40	5 825 600.00	5 023 234.40
7 月末	9 435 672.40	27 386 425.50	4 625 000.00	4 726 453.60
8 月末	93 217 273.50	26 354 327.10	6 924 000.00	4 532 434.40
9 月末	94 387 687.30	25 856 734.40	5 326 000.00	4 432 657.90
10 月末	93 286 764.60	26 246 533.10	5 537 600.00	4 538 426.10
11 月末	112 974 777.30	25 022 666.40	4 254 740.00	5 500 346.40

注：本年度 1～11 月累计现销收入(不含税)为 3 268 500.00 元。

4.1.2 上年度各项经济指标实现情况

湖南盛湘食品股份有限公司上年度各项经济指标实现情况如表 4-2 所示。

表 4-2　上年度各项经济指标实现情况统计表

指标名称	实现情况	指标名称	实现情况
资产负债比率	33.44%	存货周转率	519.14%
流动比率	121.06%	资本收益率	9.97%
速动比率	97.59%	销售利润率	20.02%
应收账款周转率	231.62%	资本保值增值率	100%

4.1.3　制造费用本年计划数与上年实际数

湖南盛湘食品股份有限公司制造费用本年计划数与上年实际数统计如表 4-3 所示。

表 4-3　制造费用本年计划数与上年实际数统计表

费用项目	本年计划数	上年实际数
职工薪酬	1 150 000.00	1 081 420.00
其他直接费	161 000.00	151 398.80
折旧费	420 000.00	418 936.40
修理费	900 000.00	926 340.00
办公费	145 000.00	146 730.00
水电费	84 600.00	84 860.00
劳动保护费	75 000.00	72 000.00
机物料消耗	630 000.00	654 000.00
低值易耗品费	450 000.00	478 000.00
运输费	42 000.00	43 620.00
其他	180 000.00	184 560.00
合计	4 237 600.00	4 241 865.20

4.1.4　管理费用本年计划数与上年实际数

湖南盛湘食品股份有限公司管理费用本年计划数与上年实际数统计如表 4-4 所示。

表 4-4　管理费用本年计划数与上年实际数统计表

项　目	本年计划数	上年实际数	项　目	本年计划数	上年实际数
董事会会费	200 000.00	217 400.00	排污费	360 000.00	360 000.00
工资	1 500 000.00	1 482 170.00	水电费	350 000.00	367 800.00
福利费	210 000.00	207 503.80	税金	485 000.00	476 960.00
差旅费	500 000.00	584 760.00	工会经费	140 000.00	138 690.00
办公费	1 100 000.00	1 172 850.00	职工教育经费	110 000.00	104 017.50

项　目	本年计划数	上年实际数	项　目	本年计划数	上年实际数
折旧费	630 000.00	625 600.00	业务招待费	400 000.00	43 680.00
修理费	700 000.00	720 000.00	无形资产摊销	240 000.00	192 000.00
物料消耗	500 000.00	523 480.00	绿化费	900 000.00	634 650.00
低值易耗品费	300 000.00	314 280.00	坏账准备	20 000.00	25 260.00
劳动保险费	680 000.00	660 920.00	存货跌价准备	30 000.00	32 000.00
失业保险费	110 000.00	101 100.00	存货盘亏毁损	20 000.00	78 160.00
住房公积金	330 000.00	303 300.00	其他	80 000.00	86 874.30
			合计	9 895 000.00	9 846 575.60

4.1.5　销售费用和财务费用本年计划数与上年实际数

湖南盛湘食品股份有限公司销售费用和财务费用本年计划数与上年实际数统计如表 4-5 所示。

表 4-5　销售费用和财务费用本年计划数与上年实际数统计表

销售费用			财务费用		
项　目	本年计划数	上年实际数	项　目	本年计划数	上年实际数
广告费	1 200 000.00	1 000 000.00	利息净支出	520 000.00	614 200.00
运输费	2 000 000.00	1 948 000.00	金融机构手续费	24 000.00	24 300.00
展销费	1 000 000.00	780 000.00	汇兑净损失	90 000.00	84 630.00
保险费	300 000.00	316 750.00	现金折扣	1 000 000.00	920 390.00
其他	550 000.00	633 500.00			
合计	5 050 000.00	4 678 250.00	合计	1 634 000.00	1 643 520.00

4.2　企业上期的主要会计报表

企业的主要会计报表有对外的资产负债表、利润表和现金流量表，以及对内的产品生产及销售成本表。

4.2.1　资产负债表

湖南盛湘食品股份有限公司 20××年 11 月 30 日的资产负债表如表 4-6 所示。

表 4-6　会企 01 表

编制单位：湖南盛湘食品股份有限公司　　　　　20××年 11 月　　　　　金额单位：元

资　产	行次	年初数	期末数	负债和所有者权益（或股东权益）	行次	年初数	期末数
流动资产：				流动负债：			
货币资金	1	8 024 121.60	8 416 380.00	短期借款	68	12 000 000.00	8 108 380.00
交易性金融资产	2	4 820 000.00	6 120 000.00	交易性金融负债	69		
应收票据	3	1 800 000.00	200 000.00	应付票据	70	800 000.00	1 200 000.00
应收账款	4	4 975 000.00	4 254 740.00	应付账款	71	838 600.00	363 240.00
预付款项	5	944 000.00	501 200.00	预收款项	72	600 000.00	
应收利息	6	60 000.00		应付职工薪酬	73	98 134.60	146 896.72
应收股利	7	540 000.00		应交税费	74	2 647 087.40	234 477.60
其他应收款	8	51 740.00	30 000.00	应付利息	75		112 000.00
存货	9	5 236 257.40	5 500 346.40	应付股利	76	2 843 612.60	
一年内到期的非流动资产	21	560 000.00	896 000.00	其他应付款	81	284 500.00	80 993.28
其他流动资产	24			一年内到期的非流动负债	86	220 000.00	
流动资产合计	31	27 011 119.00	25 022 666.40	其他流动负债	90		
非流动资产：				流动负债合计	100	22 311 934.60	10 245 987.60
可供出售金融资产	32			非流动负债：			
持有至到期投资	34	736 000.00	1 296 000.00	长期借款	101	1 000 000.00	13 200 000.00
长期应收款	35			应付债券	102		
长期股权投资	38	27 500 000.00	27 500 000.00	长期应付款	103		
投资性房地产	39			专项应付款	106		
固定资产	40	59 824 615.60	56 032 810.90	预计负债	107		
在建工程	44	128 000.00	2 120 000.00	递延所得税负债	108		

资　产	行次	年初数	期末数	负债和所有者权益(或股东权益)	行次	年初数	期末数
工程物资	45	283 000.00	43 300.00	其他非流动负债	109		
固定资产清理	46			非流动负债合计	110	10 000 000.00	13 200 000.00
生产性生物资产	47			负债合计	114	32 311 934.60	23 445 987.60
油气资产	48			所有者权益(或股东权益):			
无形资产	49	1 136 000.00	960 000.00	实收资本(股本)	115	80 000 000.00	80 000 000.00
开发支出	50			资本公积	118	460 000.00	460 000.00
商誉	51			减：库存股	119		
长期待摊费用	54			盈余公积	120	2 746 800.00	2 746 800.00
递延所得税资产	55			未分配利润	121	1 100 000.00	6 321 989.70
其他非流动资产	56			所有者权益(股东权益)合计	122	84 306 800.00	89 528 789.70
非流动资产合计	60	89 607 615.60	87 056 110.90				
资产总计	62	116 618 734.60	112 974 777.30	负债及所有者权益(股东权益)总计	135	116 618 734.60	112 974 777.30

4.2.2　利润表

湖南盛湘食品股份有限公司 20××年 11 月的利润表如表 4-7 所示。

表 4-7　会企 02 表

编制单位：湖南盛湘食品股份有限公司　　　　　20××年 11 月　　　　　金额单位：元

项　目	行次	上年全年累计数	本年累计数
一、主营业务收入	1	48 160 000.00	43 170 000.00
减：主营业务成本	4	26 362 000.00	24 526 500.00
营业税金及附加	5	329 376.00	295 254.90
销售费用	14	4 678 250.00	4 296 296.70

项　目	行次	上年全年累计数	本年累计数
管理费用	15	9 846 574.00	8 986 408.20
财务费用	16	1 643 520.00	1 334 520.00
资产减值损失	17		
加：公允价值变动损益(损失以"−"号填列)	18		
投资收益(损失以"−"号填列)	19	48 365 400.00	61 020 000.00
其中：对联营企业和合营企业的投资收益	20		
二、营业利润(亏损以"−"号填列)	21	6 336 280.00	4 324 344.30
加：营业外收入	23	1 043 625.90	840 536.10
减：营业外支出	25	2 573 643.90	3 472 866.00
其中：非流动资产处置损失	26		
三、利润总额(亏损总额以"−"号填列)	27	9 642 802.00	7 794 014.40
减：所得税费用	28	3 657 432.00	2 572 024.70
四、净利润(净亏损以"−"号填列)	30	5 985 370.00	5 221 989.70
五、每股收益：	31		
(一)基本每股收益	32		
(二)稀释每股收益	33		

4.2.3　现金流量表

湖南盛湘食品股份有限公司 20××年 11 月份的现金流量表如表 4-8 所示。

表 4-8　会企 03 表

编制单位：湖南盛湘食品股份有限公司　　　　20××年 11 月　　　　　金额单位：元

项　目	行次	金　额
一、经营活动产生的现金流量：		
销售商品、提供劳务收到的现金	1	46 523 206.70
收到的税费返还	3	84 100.00
收到其他与经营活动有关的现金	8	11 536.10
经营活动现金流入小计	9	46 618 842.80
购买商品、接受劳务支付的现金	10	21 219 928.40
支付给职工以及为职工支付的现金	12	6 815 670.00
支付的各项税费	13	5 818 650.50
支付其他与经营活动有关的现金	18	9 414 499.50
经营活动现金流出小计	20	43 268 748.40
经营活动产生的现金流量净额	21	3 350 094.40

续表

项　目	行　次	金　额
二、投资活动产生的现金流量:		
收回投资收到的现金	22	32 654 600.00
取得投资收益收到的现金	23	5 643 000.00
处置固定资产、无形资产和其他长期资产收回的现金净额	25	4 860 000.00
收到其他与投资活动有关的现金	28	826 000.00
投资活动现金流入小计	29	43 983 600.00
购建固定资产、无形资产和其他长期资产支付的现金	30	2 436 500.00
投资支付的现金	31	33 954 600.00
支付其他与投资活动有关的现金	35	437 600.00
投资活动现金流出小计	36	36 828 700.00
投资活动产生的现金流量净额	37	7 154 900.00
三、筹资活动产生的现金流量:		
吸收投资收到的现金	38	
取得借款收到的现金	40	16 000 000.00
收到其他与筹资活动有关的现金	43	
筹资活动现金流入小计	44	16 000 000.00
偿还债务支付的现金	45	20 000 000.00
分配股利、利润或偿付利息支付的现金	46	5 546 070.00
支付其他与筹资活动有关的现金	52	639 466.00
筹资活动现金流出小计	53	26 185 536.00
筹资活动产生的现金流量净额	54	-10 185 536.00
四、汇率变动对现金及现金等价物的影响	55	
五、现金及现金等价物净增加额	56	319 458.40
加: 期初现金及现金等价物余额	57	
六、期末现金及现金等价物余额	58	

现金流量表补充资料

补充资料	行　次	金　额
1. 将净利润调节为经营活动现金流量:		
净利润	57	5 221 989.70
加: 资产减值准备	58	
固定资产折旧、油气资产折耗、生物性生物资产折旧	59	3 203 250.00
无形资产摊销	60	176 000.00
长期待摊费用摊销	61	
处置固定资产、无形资产和其他长期资产的损失(收益以"-"号填列)	64	420 000.00
固定资产报废损失(收益以"-"号填列)	65	292 000.00

项　目	行　次	金　额
财务费用(收益以"-"号填列)	66	412 613.50
投资损失(收益以"-"号填列)	67	-6 102 000.00
递延所得税资产减少(增加以"-"号填列)	68	
递延所得税负债增加(减少以"-"号填列)	69	
存货的减少(增加以"-"号填列)	70	596 531.00
经营性应收项目的减少(增加以"-"号填列)	71	1 674 000.00
经营性应付项目的增加(减少以"-"号填列)	72	-2 544 289.80
其他	73	
经营活动产生的现金流量净额	74	3 350 094.40
2. 不涉及现金收支的重大投资和筹资活动:		
债务转为资本	76	
一年内到期的可转换公司债券	77	
融资租入固定资产	78	
3. 现金及现金等价物净变动情况:		
现金的期末余额	79	8 343 580.00
减: 现金的期初余额	80	8 024 121.60
加: 现金等价物的期末余额	81	
减: 现金等价物的期初余额	82	
现金及现金等价物净增加额	83	319 458.40

4.2.4　产品生产及销售成本表

湖南盛湘食品股份有限公司 20××年 1～11 月份的产品生产及销售成本如表 4-9 所示。

表 4-9　产品生产及销售成本表

编制单位：湖南盛湘食品股份有限公司　　20×年1~11月　　金额单位：元

产品名称	计量单位	生产量		销售量		单位生产成本				生产总成本			销售成本		期末结存	
		本月	本年累计	本月	本年累计	上年实际平均	本年计划	本月实际	本年累计划平均	上年实际	本月实际	本年累计	本月实际	本年累计	数量	成本
福运牌夹心酥	袋	100 000	1 200 000	110 000	1 260 000	2.27	2.26	2.24	2.25	2 724 000.00	224 080.00	2 702 600.00	247 500.00	2 722 500.00	50 000	110 000.00
福运牌早餐饼	袋	200 000	2 200 000	200 000	2 160 000	1.92	1.91	1.89	1.90	4 224 000.00	378 060.00	4 185 400.00	380 000.00	4 104 000.00	280 000	532 000.00
福运牌果仁曲奇	袋	110 000	1 300 000	105 000	1 400 000	2.83	2.80	2.78	2.80	3 679 000.00	305 830.00	3 644 300.00	294 000.00	3 920 000.00	120 000	384 000.00
缘味牌煎饼	袋	120 000	1 400 000	108 000	1 500 000	3.14	3.10	3.06	3.10	4 396 000.00	367 250.00	4 346 700.00	334 800.00	4 650 000.00	60 000	1 440 000.00
福运牌苏打饼	袋	100 000	1 200 000	100 000	1 080 000	2.62	2.60	2.58	2.60	3 144 000.00	258 080.00	3 123 600.00	260 000.00	2 808 000.00	160 000	416 000.00
缘味牌奶黄饼	袋	100 000	1 200 000	106 000	1 160 000	2.78	2.75	2.76	2.75	3 336 000.00	276 100.00	3 305 400.00	291 500.00	3 317 600.00	120 000	336 000.00
缘味牌葱油香脆饼	袋	120 000	1 400 000	114 000	1 502 200	2.02	2.00	2.00	2.00	2 828 000.00	240 100.00	2 803 300.00	228 000.00	300 440.00	90 000	180 000.00
全部产品成本										24 331 000.00	2 049 500.00	24 111 300.00	2 035 800.00	24 526 500.00		2 102 000.00

4.3　本期银行对账单

　　湖南盛湘食品股份有限公司 20××年 12 月份工商银行及中国银行对账单，分别如表 4-10 和表 4-11 所示。

表 4-10　工商银行客户存款对账单

网点号：　　　　　　　　　币种：人民币(本位币)　　单位：元　　　　20××年

账号：091482543256　　　　户名：湖南盛湘食品股份有限公司　　上月余额：4 876 580.00

交易日期	摘　要	借方发生额	贷方发生额	余　额
12 月 1 日	提现		90 000.00	4 786 580.00
12 月 1 日	付湖南省粮贸公司贷款		538 560.00	4 248 020.00
12 月 1 日	取得专门借款	100 000 000.00		104 248 020.00
12 月 2 日	付供电电费		103 240.00	104 144 780.00
12 月 2 日	转汇票存款户		500 000.00	103 644 780.00
12 月 2 日	收河南驻马店商城货款	1 000 000.00		104 644 780.00
12 月 2 日	付养路费		20 000.00	104 624 780.00
12 月 3 日	常德北大门商场汇入	666 400.00		105 291 180.00
12 月 4 日	信汇上海电视台		300 000.00	104 991 180.00
12 月 5 日	付专用材料款		220 400.00	104 770 780.00
12 月 5 日	信汇星沙工程队		50 000.00	104 720 780.00
12 月 8 日	提现		80 000.00	104 640 780.00
12 月 8 日	付绿化费		165 000.00	104 475 780.00
12 月 9 日	付车辆维修费		28 600.00	104 447 180.00
12 月 9 日	收永州货款	296 712.00		104 743 892.00
12 月 10 日	收百姓商场运货费	3 200.00		104 747 092.00
12 月 10 日	收识字岭货款	22 504.00		104 769 596.00
12 月 10 日	付长沙包装厂材料费		35 496.00	104 734 100.00
12 月 11 日	付排污费		30 000.00	104 704 100.00
12 月 11 日	付培训费		18 000.00	104 686 100.00
12 月 12 日	汇票贴现	195 200.00		104 881 300.00
12 月 12 日	收江西人商场货柜押金	5 000.00		104 886 300.00
12 月 15 日	付长沙石油公司款		153 120.00	104 733 180.00
12 月 15 日	付设备款		581 100.00	104 152 080.00

交易日期	摘　要	借方发生额	贷方发生额	余　额
12月15日	委托银行代发11月工资		134 606.72	104 017 473.28
12月16日	收退回汇票多余款	16 000.00		104 033 473.28
12月16日	付长春铁路局运输费		58 920.00	103 974 553.28
12月16日	发行债券存入款	4 848 000.00		108 822 553.28
12月17日	短期借款入账	2 000 000.00		110 822 553.28
12月17日	退江西人商场货柜押金		5 000.00	110 817 553.28
12月19日	汇花恒希望小学助学款		300 000.00	110 517 553.28
12月19日	付国土局		1 000 000.00	109 517 553.28
12月22日	利息收入	2 320.00		109 519 873.28
12月22日	付借款息		142 000.00	109 377 873.28
12月22日	付工程借款息		237 600.00	109 140 273.28
12月23日	付土地款		2 000 000.00	107 140 273.28
12月24日	收东兴货款	82 500.00		107 222 773.28
12月24日	付凭证手续费		2 680.00	107 220 093.28
12月25日	付医疗保险、养老、失业等保险费		81 966.35	107 138 126.93
12月25日	付住房公积金		45 820.20	107 092 306.73
12月26日	国库券兑现存入	59 000.00		107 151 306.73
12月26日	收衡阳购货款	387 080.00		107 538 386.73
12月26日	付长沙中盛原材料费		65 800.00	107 472 586.73
12月29日	付新桥搬运公司搬运费		9 380.00	107 463 206.73
12月29日	支付电信费		6 780.00	107 456 426.73

表4-11　中国银行对账单

20××年12月　　　　　　　　　账号：112543662588

开户单位：湖南盛湘食品股份有限公司　　　　　　　　　金额单位：美元

日　期	结算方式	票　号	摘　要	借　方	贷　方
			期初余额	200 000.00	
12-04	略		香港旺角公司汇入	55 000.00	

4.4　账簿凭证用量表

湖南盛湘食品股份有限公司账簿凭证用量如表 4-12 所示。

表 4-12　会计账簿、记账凭证用量表

名　称	计量单位	需用数量	说　明
总分类账	页	35	该类账页采用正反两面各设一户
三栏式明细账	页	60	该类账页采用正反两面各设一户
材料采购明细账	页	2	该类账页采用正反两面各设一户
固定资产二级分类明细账	页	4	该类账页采用正反两面各设一户
应交增值税明细账	页	1	正反两面同户
基本生产成本明细账	页	1	正反两面同户
辅助生产成本明细账	页	3	宜使用通用多样式账页
制造费用明细账	页	4	宜使用通用多样式账页
管理费用	页	2	宜使用通用多样式账页
主营业务收支明细账	页	4	正反两面各一户
其他业务收支明细账	页	1	正反两面各一户
财务费用明细账	页	1	正反两面同户
销售费用明细账	页	1	正反两面同户
营业外收入明细账	页	1	正反两面同户
营业外支出明细账	页	1	正反两面同户
本年利润明细账	页	2	正反两面同户
数量金额式明细账	页	22	该类账页采用正反两面各设一户
记账凭证	张	180	为采用通用式记账凭证用量

本 章 小 结

本章提供了湖南盛湘食品股份有限公司会计报告和财务评价的有关历史及计划资料，具体包括本年度有关平均指标计算所需要的资料、上年度各项经济指标数据、期间费用本年计划数与上年实际数；上年的资产负债表、利润表、现金流量表和产品生产及销售成本表等；提供了本期开户银行提交的银行对账单；提供了本实验所需账簿和凭证的数量。

第二部分

模拟实验操作

第 5 章　模拟实验之手工操作

5.1　手工操作的基本内容、要求及程序

以企业的采购、生产、销售、筹资、投资等一般日常业务为背景，完成企业从建账到财务报表编制各环节的会计处理。手工完成企业一个会计期间的各项核算业务，对于深刻理解财务理论，缩小与实践操作的距离十分有必要。

5.1.1　手工操作的基本内容

会计学是一门技术性、操作性较强的学科，实践环节在整个专业的学习过程中有着举足轻重的地位，而会计模拟实验则是缩小理论与实际操作之间距离，培养实践能力的有效途径。会计模拟实验是在学校教育阶段组织的模拟企业在实际会计工作中的基本内容、基本程序和基本方法，并运用实际会计核算中的各种实物资料而展开的一项实验操作。通过仿真的业务操作，可以帮助掌握审核原始凭证、填制记账凭证、登记账簿、计算成本、编制会计报表等会计工作的技能与方法，使对企业的会计核算过程有一个较系统、完整的认识，并最终达到对会计理论和方法的融会贯通。具体来讲，为期四周的手工操作实践包括以下基本内容。

(1) 根据教程提供的期初建账资料开设湖南盛湘食品股份有限公司的总账，日记账，三栏式、多栏式及数量金额式明细账。

(2) 根据经济业务的要求，填制或取得原始凭证，并进行原始凭证的审核及汇总。

(3) 按银行规定的结算程序和要求处理各种银行结算业务。

(4) 按教程给出的标准处理费用报销事项。

(5) 根据经济业务编制记账凭证，并按教程的要求进行汇总。

(6) 按教程规定的成本计算方法，计算各种产品的成本。

(7) 处理损溢确认及利润分配事项。

(8) 登记账簿，并按教程要求结账、对账。

(9) 编制增值税、营业税、所得税等纳税申报表。

(10) 按教程要求编制会计报表，编写会计报表附注及财务状况说明书。

(11) 装订记账凭证及会计报表。

5.1.2　手工操作的要求

1. 实验组织方面的要求

为了提高实验的效果，针对模拟实验的特点，模拟实验由三部分人员组成：一是指导教师，二是资料发放总台，三是由学生组成的模拟实验小组。

(1) 指导教师的主要工作是安排实验日程,讲解实验操作中应注意的各种问题,指导实验操作并为学生答疑解惑,评阅实验成绩。

(2) 资料发放总台主要有两方面的工作。

一是负责实验资料和实验用具的发放、管理及回收。

二是尽可能使实验达到全仿真性和全方位的效果。该资料发放总台除了代行银行职能外,还要代行交易对方及企业内部其他部门的职能,即模拟实验小组所需的外来原始凭证和企业内部各部门提供的原始凭证都需在资料发放总台取得。

(3) 模拟实验小组是实验的主体。根据本教程的特点及工作量的大小,每个实验小组可由三人组成,形成一个模拟的会计机构。为了达到仿真的目的,各小组内的成员应进行合理分工。根据实际工作中的会计岗位及实验小组的人员数量,一般可采用如下分工方式:一名会计主管人员,一名出纳人员,一名账务处理人员。

① 会计主管人员的主要职责是:组织和管理本小组的模拟实验操作;确定各项经济业务必须取得或填制的原始凭证并进行审核;审批各种款项的支付;对账务处理人员编制的记账凭证进行审核。

② 出纳人员的主要职责是:办理各种款项的结算;取得或填制各种货币结算所必需的原始凭证并对原始凭证进行归纳整理;登记现金日记账和银行存款日记账。

③ 账务处理人员的主要职责是:填制各类经济业务所需的原始凭证;编制记账凭证;登记账簿。

为了使小组内的各成员均能全面地掌握不同会计岗位的内容及各种经济业务的核算,上述分工应及时进行交换,可一周交换一次。另外对于一些综合性较强的业务,如工资的结算与分配、凭证汇总、成本计算、纳税申报表的填制、会计报表及附注的编制、结账和对账及企业的年终决算等,由于一个月只发生一次,为让各操作成员对这些业务都有一定的了解,应由全体小组成员共同讨论处理。

2. 课时进度方面的要求

会计模拟实验的计划课时为120学时,在安排实验进度时,可参考课时安排表(见表5-1)。

表 5-1　模拟实验课时安排表

实验操作内容	计划课时
指导教师对实验操作进行集中讲解	2
学生自学教程	4
建账工作	6
日常经济业务的处理	50
成本核算	12
损益确认及利润分配	12
结账和对账	12
编写会计报表及附注	12
编写财务状况说明书	6
进行实验总结	4
合计	120

3. 成绩考核方面的要求

会计模拟实验手工操作的成绩从四个方面进行考核。

(1) 出勤情况：此部分占总成绩的 30%，按学生的实际出勤情况进行成绩评定。

(2) 日常操作情况：此部分占总成绩的 20%，由指导教师不定时对学生的操作情况进行检查，再根据检查情况进行成绩评定。

(3) 凭证、账簿、报表及附注、财务状况说明书的完成情况：此部分占成绩的 40%，由指导教师检查凭证、账簿、报表及附注、财务状况说明书的完成情况并进行成绩评定。检查时应注意这些实验资料的正确性、及时性、规范化等。

(4) 实验总结：此部分占总成绩的 10%，由指导教师根据学生所交实验总结进行评定。

5.1.3　手工操作的程序

1. 基本程序

手工操作的基本程序是指操作人员须做的基本工作及工作流程。

(1) 根据教程提供的账户管理体系、期初余额及 1～11 月累计发生额建账。

(2) 在建账工作完成之后，对教程所提供的经济业务按时间先后顺序进行会计处理。

(3) 在全部账务处理完毕的基础上，根据核对无误的账簿和其他资料编制会计报表及附注。

(4) 根据记账凭证、账簿、报表和其他资料，对企业经济活动进行分析，并编写"财务状况说明书"。

2. 日常业务的处理程序

日常业务的处理程序是指对各种经济业务进行账务处理的一般过程。

(1) 根据教程提供的经济业务内容和实验计划安排，查明当日需处理的业务事项。

(2) 对当日需处理的经济业务进行分析，逐笔判断经济业务所需取得或填制的原始凭证或原始凭证汇总表。

(3) 在填制、取得并审核原始凭证的基础上，对需要进行账务处理的经济业务编制记账凭证。

(4) 根据记账凭证、原始凭证或原始凭证汇总表登记二级分类账或明细分类账。

(5) 根据记账凭证编制科目汇总表。

(6) 根据科目汇总表登记总分类账。

(7) 结账和对账，并根据对账结果进行必要的账务调整。

5.2　手工建账的程序和方法

设置和登记账簿，是会计工作的重要环节。没有一个完整的账簿体系，会计核算工作就无法正常开展。所以在本次模拟实验中，首先要完成的是建账工作。在实际工作中，建账工作一般在年初进行，即每年年初结转旧账，建立新账。由于模拟实验是移植了湖南盛湘食品股份有限公司 12 月份的经济业务，故为了开展 12 月的经济业务核算，需要按照该企业 11 月底的账户记录建账。因实验条件所限，所有的账簿均采用活页式账页，而在实际工作中，总账、现金日记账和银行存款日记账必须采用订本式账页，这点需注意。

建账时，首先根据账户找到对应的账页，如总账是三栏式账页，管理费用是多栏式账页，然后按账页格式填入相应内容。账户建好后，可装订成四本：总账一本，三栏式明细账一本，多栏式及专栏式明细账一本，数量金额式明细账一本。接下来，在每本账簿的扉页上注明账簿名称、单位名称、账簿页数、启用日期、记账人员、主管人员等信息并加盖公章。

5.2.1 总账的建立

总账是将经济业务按照各个总分类账户进行分户登记的账簿，它提供了资产、负债、所有者权益、收入、费用及利润的概况，为会计报表的编制提供依据。在本实验中，总账采用三栏式账页，故在建立总账时，首先要找到三栏式账页，再根据教程所提供的账户目录及月初余额，按账页的格式过入。

过账中，首先注明账户名称，日期为 12 月 1 日，摘要栏注明为"月初余额"，金额填入余额栏里，并注明余额方向。若没有余额，则在余额识别栏注明"平"，并在余额栏里用符号"θ"表示。在这里要注意的是为了节约使用账页，此处所建总账为账页正反两面同时使用，这与实际会计工作不太一致，实际工作中一张账页因需登记的内容较多，因此不可能正反两面同时使用。

5.2.2 日记账的建立

在实验中，只有库存现金和银行存款两个账户需要建立日记账。日记账采用的是三栏式账页，因库存现金和银行存款业务较多，故一张账页只能登记一个账户，不必双面使用。由于银行存款有中国银行和工商银行两个账户，所以银行存款须按不同的账号分别设置日记账。账页的填写方法同总账。

5.2.3 明细账的建立

在实验中，明细账的种类较多，有三栏式明细账、多栏式明细账、专栏式明细账、数量金额式明细账。在建账时，需注意不同账户、不同层次的账户要求使用不同的账页。

1. 三栏式明细账

三栏式明细账是根据教程所提供的二级明细分类账户建立的。如原材料应根据其所属的原材料及主要材料、辅助材料、修理用材料三个二级账户分别建立明细账。建账时根据教程所提供的月初余额过入相关账户的余额栏即可。这里需要注意两点：一是并非所有的明细账都要建立三栏式明细账，如管理费用、制造费用、辅助生产成本等采用的多是栏式账页，基本生产成本、材料采购等账户采用的是专栏式账页。二是原材料、燃料、低值易耗品、库存商品、工程物资实行的是三级账簿管理，故这类账户只有二级明细账才需建立三栏式明细账。建账时，由于每个账户登记内容较少，故可以双面使用。账页上相关内容的填写方法同总账。

2. 多栏式明细账

管理费用、财务费用、销售费用、制造费用、辅助生产成本等要使用多栏式账页。建账时，按多栏式账页的格式，将教程所提供的对应账户 1~11 月的累计发生额过入即可。由于这类账户期末没有余额，过入时摘要栏应注明"1~11 月累计发生额"，并将此金额同时登记在发生额的借、贷两方。需注意的是制造费用要按车间分别设立明细账，辅助生产成本要按汽车队和机修车间两个部门分别设立明细账。

3. 专栏式明细账

材料采购、基本生产成本、固定资产、主营业务收支、成本明细账、其他业务收支、本年利润、应缴税金——应缴增值税等采用专栏式账页。"材料采购"是按"原材料、燃料、包装物、低值易耗品"四种材料分别设置明细账，即有四个明细账；基本生产成本是按车间分别设置明细账；固定资产按部门及使用状况分别设置明细账；主营业务收支按产品名称，如"夹心酥""果仁曲奇"等分别设置明细账；成本明细账按产品名称设置明细账；其他业务收支按"材料让售"和"汽车队外运业务"分别设置明细账。建账时，只需按专栏式账页的格式及教程所提供的数据过入相关账户即可。

4. 数量金额式明细账

原材料、燃料、低值易耗品、库存商品、工程物资等账户的三级明细账在建立时要用数量金额式的账页。建账时，根据教程所提供的各种存货及工程的品名、规格、库存数量、单价及库存金额等登记到相关账户的余额栏即可。

5.3　原始凭证的填制和审核

原始凭证是用来记载经济业务的发生和完成情况，并作为原始记账依据的会计凭证。以数字准确、内容完整、手续完备的合法原始凭证为依据进行经济业务的处理是会计核算的基本要求。除一些以账面记载数据为基础的转账业务外，其他各种经济业务都必须以相应的原始凭证来编制记账凭证并据以登记账簿。在本实验中，原始凭证按其来源分两种：一是外来原始凭证，源自外单位或本单位财务部门以外的各部门的原始凭证，这部分原始凭证由教程提供，学生只需按经济业务的发生情况查找取得；二是自制原始凭证，即需由学生自行填制和审核的凭证。那么原始凭证到底该如何填制和审核呢？现简要介绍如下。

5.3.1 原始凭证的填制

1. 填制原始凭证的基本要求

(1) 原始凭证必须具备的内容。凭证的名称；填制凭证的日期；填制单位名称或填制人姓名；经办人员的签名或盖章；接受凭证单位名称；经济业务内容；数量、单价和金额。

(2) 原始凭证必须有领导人的签章。对外开出的原始凭证必须加盖本单位公章。

(3) 凡填有大写和小写金额的原始凭证，大、小写金额必须一致。购买实物的原始凭证，必须有验收证明。支付款项的原始凭证，必须有收款单位和收款人的收款证明。

(4) 一式几联的原始凭证，应注明各联的用途。一式几联的发票和收据，应用复写纸套写。作废时应加盖"作废"戳记。本实验为节省原始凭证所占篇幅，只采用会计部门记账所需联单。

(5) 发生销货退回的，除填制退货发票外，还应有退货验收证明；退款时，必须取得对方的收款收据或汇款银行的凭证。

(6) 字迹必须清晰、工整，并符合中文大写数字和阿拉伯数字的书写要求。

2. 银行结算单证的填制

在本实验中，须自制的原始凭证种类很多，在此介绍几种主要的原始凭证的填制方法。

1) 现金支票和转账支票

"现金支票"和"转账支票"分为"存根联"和"支款联"两个部分，操作人员应分别按"存根联"和"支款联"的内容逐项填写。"存根联"的"科目"和"对方科目"两栏由于要编制相应的会计分录，故可以不填；"支款联"的"科目"和"对方科目""转账日期"等由银行填写，不需实验操作人员填列。

支票填写完毕后，应在"存根联"和"支款联"之间加盖单位的财务专用章；同时在"上列款项请从我账户内支付"处加盖单位在银行预留的印鉴。然后将"支款联"沿虚线裁下交取款人或经办人(本实验中由资料发放总台代替)，"存根联"留下与相关单据合并做账。

在填写支票时，应用黑色墨水(碳素或墨汁)填写；"支款联"的日期必须要用大写；大写金额栏中的"人民币(大写)"与实际所填的金额之间不能留有空隙；小写金额前要添加货币符号；"支款联"部分不得涂改，若有笔误须作废重开，如图 5-1 所示。

2) 托收承付款凭证

当企业销售产品或提供劳务，与购货方签订合同决定采用"托收承付"结算方式收取款项时，需填制本凭证。该单一般是一式五联，考虑到操作的需要，本实验根据经济业务内容只设计了回单联和收账通知联，如图 5-2 所示。填写时，应根据增值税发票及其他相关单据填列。委托日期可小写；托收号码按单位办理托收的次数顺序填列；金额的填写与支票相同；附件是指随托收单交予银行的其他凭证，如合同、发货单等；商品发运情况为"自提"或"代运"两种，合同名称号码根据所附合同的编号填列。填好后，还应在该单据上加盖单位公章或财务专用章。

中国工商银行 现金支票存根 0914821011 科　目　_____ 对方科目_____ 出票日期　年 月 日 收款人：长春粮油公司 金额：200 000.00 用途：购材料 单位主管　　会计 复核　　记账	中国工商银行　转账支票(湘)支票号 0914821011

中国工商银行　转账支票(湘)支票号 0914821011

出票日期(大写)　年　月　日　　　　　开户行名称：

收款人：长春粮油公司　　　　　　　　出票人账号：091482543256

人民币 (大写)	贰拾万元整	亿	千	百	十	万	千	百	十	元	角	分
				¥	2	0	0	0	0	0	0	0

用途：购材料　　　　　　　　　科　　目(借)_____

上列款项请从　　　　　　　　　对方科目(贷)_____

我账户内支付　　　　　　　　　转账日期　　年　月　日

出票人签章　　　　　　　　　　复核　　　　记账

图 5-1　转账支票正面

托收承付款凭证(回单)　　　1

委托日期：20××年　月　日　　　　　　托收号码：112001

付款人	全　称				收款人	全　称				
	账　号					账　号				
	开户银行		行号	121		开户银行			行号	9148

托收金额	人民币 (大写)			千	百	十	万	千	百	十	元	角	分

附件		商品发运情况		合同名称号码	
附寄单证张数或册数					
备注		款项收妥日期 年　月　日		收款人开户行盖章 年　月　日	

单位主管：　　　　　会计：　　　　　　复核：　　　　　记账：

图 5-2　托收承付款凭证(回单)

3) 委托收款凭证

"委托收款凭证"的填制方法与"托收承付款凭证"的填制方法基本相同,但用法稍有不同。这点在课本里已有提及,此处不再赘述。"委托收款凭证"的填制方法如图 5-3 所示。

4) 汇兑

当购货双方采用汇兑方式进行款项结算时需填制银行信汇凭证书。汇兑分信汇和电汇两种,信汇一般为一式四联,电汇一般为一式三联,本实验只设计了其中的回单联。填写时,操作人员应按照单据的项目逐一填写,并在开户银行留存联上加盖本单位在银行预留的印鉴(本实验未涉及此程序),否则银行不予办理。银行信汇凭证书(回单)如图5-4所示。

委托收款凭证(付款通知) 5

付款期限 20××年12月1日   托收号码:3545

付款人	全 称	湖南盛湘食品股份有限公司		收款人	全 称	长沙市供电公司		
	账 号	091482543256			账 号	02214741		
	开户银行	工商银行长沙市支行四方坪分理处	行号 4236		开户银行	工商银行北麓区支行	行号 5528	

委收金额	人民币(大写)壹拾万捌仟壹佰叁拾元整		千 百 十 万 千 百 十 元 角 分
		开户行付讫	¥ 1 0 4 1 3 0 0 0
款项内容	电费	委托收款凭证名称	附寄单证张数
备注	付款人注意: 1. 应于见票当日通知银行划款。 2. 如需拒付,应在规定期限内,将拒付理由书并附债务证明退交开户银行。		工行长沙市支行四方坪分理处(章)

单位主管:肖红正   复核: 记账: 付款人开户银行盖章 20××年12月1日

图5-3 委托收款凭证(付款通知)

中国工商银行信汇凭证书(回单)   第046号

汇款单位编号   委托日期20××年12月4日

收款单位	全 称	河南驻马店粮油公司		付款单位	全 称	湖南盛湘食品股份有限公司		
	账 号	082543256098			账 号	091482543256		
	开户银行	工商银行驻马店支行五分理处	行号 2361		开户银行	工商银行长沙支行岳麓分理处	行号 4236	

委收金额	人民币(大写)壹拾万元整	千 百 十 万 千 百 十 元 角 分
		¥ 1 0 0 0 0 0 0 0
汇款用途:购商品		留行待取收款人印鉴

上列款项已进账,如上列款项有错误,请持此联来行验收无误面洽。
此致(开户单位) (收款人盖章)
              (汇入盖章)
    年 月 日   年 月 日

科目＿＿＿＿＿＿＿
对方科目＿＿＿＿＿＿＿
汇入行解汇日期: 年 月 日
复核员   经办员

图5-4 银行信汇凭证书(回单)

5) 银行汇票

付款单位持向银行申办的"银行汇票"到采购地办理款项结算。选用这种结算方式时,由付款人填写"银行汇票申请书"到开户银行办理银行汇票。"银行汇票申请书"一式四联,由于操作的需要,本实验只设计了其中一联。填写时,操作人员应按项目逐一填写,申请书上的科目和对方科目为银行记账用,操作人员不必填写。银行汇票申请书的填写如图5-5所示。

中国工商银行银行汇票申请书(存根)　　第 1 号

申请日期 20××年 12 月 2 日

申请人	湖南盛湘食品股份有限公司	收款人	长春粮油公司							
账号或住址	091482543256	账号或住址	03568941257							
用途	材料采购	代理付款行	工商银行长春支行							
汇票金额	人民币 (大写)伍万元整		十	万	千	百	十	元	角	分
			￥	5	0	0	0	0	0	0

备注　　　　　　　　　　　　　　科目＿＿＿＿＿＿＿＿＿＿＿＿

对方科目＿＿＿＿＿＿＿＿＿＿＿

财务主管　　　复核　　　经办

图 5-5　银行汇票申请书(存根)

6) 现金缴款单

现金缴款单是单位将现金缴存银行时所用的一种单证。要将现金存入银行时，首先填写一式三联的"现金缴款单"，本实验只用了其中的收账通知联。由于是将现金存入本单位在银行的存款户，所以收款人是"湖南盛湘食品股份有限公司"，账号为本单位在银行的账号；款项来源根据所得现金的来源填列；票面登记栏由于是模拟实验没有实际的现金收付，可省略不填。填好后，持此单和货币到银行缴款，银行点收后，会在存根联加盖"收讫"章交缴款人，缴款人持此单据交财务进行账务处理，如图 5-6 所示。

中国工商银行三联现金缴款单(收账通知)　　NO. 0617275

缴款日期 20××年　月　日

收款人	全称	湖南盛湘食品股份有限公司			款项来源	金属货柜押金					
	账号	091482543256	开户银行	工商银行岳麓支行							
金额	人民币 (大写)				千	百	十	万	千	百	十	元	角	分
	票面	壹佰元	伍拾元	拾元	伍元	贰元	壹元	伍角	贰角	壹角	伍分
出纳复核员：		收款员：		会计：		复核员：			记账员：		

图 5-6　银行现金缴款单(收账通知)

7) 银行进账单

银行进账单是单位到银行办理转账结算时应填写的凭证，一般为一式四联。考虑到本实验的实际需要，只采用了其中的收账通知联。填制时，应根据所收到的支票、银行汇票或银行本票所载内容填列，填制格式如图 5-7 所示。以下几种情况需要填制银行进账单。

(1) 取得了对方送来的转账支票的"支款联"，需填制"银行进账单"，并与"支款联"一并到银行进账。

(2) 取得了对方送来的银行汇票两联单，需在填好银行汇票两联单实际结算金额的同时，填写进账单，然后到银行进账。

(3) 取得了对方送来的银行本票时也应参照上述情况办理。

中国工商银行进账单(收账通知)

填报日期：20××年12月16日

<table>
<tr><td rowspan="3">收款人</td><td>全　称</td><td>湖南盛湘食品股份有限公司</td><td rowspan="3">付款人</td><td>全　称</td><td colspan="9">长沙工商银行二支行</td></tr>
<tr><td>账　号</td><td>091482543256</td><td>账　号</td><td colspan="9">2382543256145</td></tr>
<tr><td>开户银行</td><td>工行长沙市支行四方坪分理处</td><td>开户银行</td><td colspan="9">长沙工商银行芙蓉路分理处</td></tr>
<tr><td rowspan="2">人民币
(大写)</td><td colspan="2" rowspan="2">肆佰捌拾肆万捌仟元整</td><td></td><td>千</td><td>百</td><td>十</td><td>万</td><td>千</td><td>百</td><td>十</td><td>元</td><td>角</td><td>分</td></tr>
<tr><td></td><td></td><td>¥</td><td>4</td><td>8</td><td>4</td><td>8</td><td>0</td><td>0</td><td>0</td><td>0</td><td>0</td></tr>
<tr><td colspan="3">付款单位名称或账号</td><td>种类</td><td>票据号码</td><td>千</td><td>百</td><td>十</td><td>万</td><td>千</td><td>百</td><td>十</td><td>元</td><td>角</td><td>分</td></tr>
<tr><td colspan="3"></td><td></td><td></td><td>¥</td><td>4</td><td>8</td><td>4</td><td>8</td><td>0</td><td>0</td><td>0</td><td>0</td><td>0</td></tr>
</table>

单位主管：　　　　会计：　　　　　　　　复核：　　　　　　　记账：

图5-7　银行进账单(收账通知)

3. 物资收发单证

1) 材料验收通知单

企业外购原材料、燃料、包装物、低值易耗品等入库时需要填制材料验收通知单，如表5-2所示。该单据一般为一式三联，本实验只设计了会计部门使用联。在填写材料验收通知单时，入库物资应按原材料——原材料及主要材料、原材料——辅助材料、原材料——修理用材料、燃料、包装物、低值易耗品分别填列，以便分类汇总；由于采用计划价格核算，收料单上入库物资的定价应为计划单价。

表5-2　材料验收通知单

湖南盛湘食品股份有限公司材料验收通知单

供应商：

填制日期 20××年　月　日　　　　　　　　仓库编号　　字　　号

<table>
<tr><td rowspan="3">发票号</td><td colspan="3"></td><td colspan="2">验收日期</td><td colspan="2">存放地点</td><td colspan="2">附件</td></tr>
<tr><td colspan="3"></td><td colspan="2">20××年　月　日</td><td colspan="2">原材料库</td><td colspan="2">份数　　　份</td></tr>
<tr><td rowspan="2">材料编号</td><td rowspan="2">材料名称</td><td rowspan="2">规格</td><td rowspan="2">型号</td><td rowspan="2">单位</td><td colspan="2">数　量</td><td colspan="2">计划价格</td></tr>
<tr><td>应收</td><td>实收</td><td>计划单价</td><td>总　价</td></tr>
<tr><td></td><td>包装箱</td><td></td><td></td><td>个</td><td>20 000</td><td>20 000</td><td>3.00</td><td>60 000.00</td></tr>
<tr><td></td><td>包装袋</td><td></td><td></td><td>个</td><td>800 000</td><td>800 000</td><td>0.30</td><td>240 000.00</td></tr>
<tr><td></td><td>果仁</td><td></td><td></td><td>公斤</td><td>5 000</td><td>5 000</td><td>8.50</td><td>42 500.00</td></tr>
<tr><td></td><td>鲜蛋</td><td></td><td></td><td>公斤</td><td>10 000</td><td>10 000</td><td>4.30</td><td>43 000.00</td></tr>
<tr><td></td><td>筛网</td><td></td><td></td><td>平方米</td><td>100</td><td>100</td><td>56.00</td><td>5 600.00</td></tr>
<tr><td></td><td>圆丝</td><td></td><td></td><td>公斤</td><td>500</td><td>500</td><td>3.60</td><td>1 800.00</td></tr>
<tr><td></td><td>汽油</td><td></td><td></td><td>公斤</td><td>3 000</td><td>3 000</td><td>2.90</td><td>87 000.00</td></tr>
<tr><td></td><td>柴油</td><td></td><td></td><td>公斤</td><td>20 000</td><td>20 000</td><td>2.60</td><td>52 000.00</td></tr>
<tr><td></td><td>合计</td><td></td><td></td><td></td><td></td><td></td><td></td><td>531 900.00</td></tr>
<tr><td>备注</td><td colspan="8"></td></tr>
</table>

供应科长：　　　　　仓库主管：　　　　　　验收保管：　　　　　采购经办：

2) 领料单

领料单是各部门领用生产物资时需填写的单据，如表5-3所示。该单据一般为一式三联，本实验只设计了会计部门使用联。填写时，应按领料单格式逐项填列。有两点须注意：一是领料单上的价格应为计划单价；二是填制时应注明领料用途及领料部门，以便进行发料汇总。

表 5-3 领料单

湖南盛湘食品股份有限公司领料单

(记账联)　　　　　　　　　　　　　　　　材料类别：各种材料

领用部门：配料车间　　　　　　　20××年 12 月 15 日　　　　　　　领单号：19

材料类别	材料名称	规　格	单位	数　量		计划单价	总　价
				请　领	实　发		
原材料	大米		公斤	60000	60000	1.52	91 200.00
	精面粉		公斤	30000	30000	1.96	58 800.00
	普通面粉		公斤	20000	20000	1.60	32 000.00
	甜玉米		公斤	20000	20000	2.20	44 000.00
	白砂糖		公斤	5000	5000	3.20	16 000.00
	果仁		公斤	4000	4000	8.50	34 000.00
							276 000.00
材料用途	甜式产品						

批准人：杨柳华　　　　　　　　领料人：胡广云　　　　　　　　发料人：王伟

3) 产品入库单

产品入库单是产品完工入库时需填制的一种单据，如表 5-4 所示。填写时按实际完工品种、数量进行登记，单位成本为完工产品的制造成本，由于成本计算是在月末进行，故平时填制产品入库单时只需填写数量，单位成本和总成本在成本计算完毕以后再进行补记。

表 5-4 入库单

湖南盛湘食品股份有限公司产品入库单

部门：包装车间　　　　　　　20××年 12 月 16 日　　　　　　　第 001008 号

工号	产品名称	规格	计量单位	检验结果		交付数量	实收数量	单位成本	总成本
				合格	不合格				
	缘味牌葱油香脆饼		袋			1 000	1 000		
	缘味牌煎饼		袋			2 000	2 000		
备注：				检验人：高成			入库人：刘华		

会计：　　　　　　复核：　　　　　　记账：　　　　　　制单：

4) 产品出库单

产品出库单是产品出库销售时由物资部门填列的单据，如表 5-5 所示。它是物资部门会计记账的依据。物资部门据此单登记库存商品的减少数，一般不需做价值量的记载，故此单无单价和金额。但此单在填制时，除制单人、发货人必须签名外，提货人也必须签名，否则不能作为法律效力的书面证明。此单可作为会计部门的附件。

5) 材料让售出库单

材料让售出库单是材料让售出库时所填列的单据，如表 5-6 所示。一般是财务部门根据物资部门的让售通知办理好价款结算手续后，购货方到仓库提货时由物资部门开列。该单是物资部门会计登记材料减少的依据。填列时，除材料类别、品名、数量必须列示清楚外，还必须有提货人签名。

表5-5 出库单

湖南盛湘食品股份有限公司产品出库单

20××年12月5日 NO. 000045

购货单位	产品名称及型号	单 位	数 量	备 注
江西省樟树市 人民路商场	缘味牌煎饼	袋	2000	
	缘味牌奶黄饼	袋	2000	
	福运牌夹心酥	袋	2000	
	福运牌果仁曲奇	袋	2000	
合　计			8000	

仓库管理员(章)：张良华　　　　　会计主管(章)：陈红　　　　　制单人：王伟

表5-6 出库单

湖南盛湘食品股份有限公司材料让售出库单

20××年12月24日 NO.0001237

购货单位	产品名称及型号	单 位	数 量	备 注
东兴食品厂	黏玉米	公斤	5000	
合　计			5000	

仓库管理员：张良华　　　　　　　　　　　　　　提货人：张华

6) 工程物资验收通知单

为了与生产用材料入库所填写的"收料单"相区分，企业购入专用设备、专用材料等工程物资由物资部门会计填写"工程物资验收通知单"，如表5-7所示。填写时，根据购进工程物资时所记录的数据填写。这里应注意：工程物资的价格应是含税价，即购买价加上相应的增值税。

表5-7 工程物资验收通知单

湖南盛湘食品股份有限公司工程物资验收通知单

供应商：　　　　　　填制日期 20××年　月　日　　　　仓库编号　　字　号

发票号		验收日期			存放地点		附件	
		20××年　月　日					份数　　　份	
材料编号	材料名称	规格	型号	单位	数　量		计划价格	
					应收	实收	计划单价	总 价
备注								

供应科长：　　　　　采购科长：　　　　　验收保管：　　　　　采购经办：

7) 工程物资领料单

工程物资领料单是领用工程物资时所需开具的一种单据,如表5-8所示,与生产用材料出库所开具的"领料单"有所不同。填写时,应根据格式逐项填写。此外,工程物资的发出成本采用的是先进先出法,故在确定发出物资的单价时,应查看"工程物资——在库工程物资"明细账,根据先进先出法的计价原则确定其发出工程物资的单价金额。

表5-8　工程物资领料单

湖南盛湘食品股份有限公司工程物资领料单

物资类别：

领用部门：工程部　　　　　　　　　　20××年　月　日　　　　　　领单号：

材料名称	规格	单位	数量		单价 (不含税价)	总价
			请领	实发		
水泥	400#	T	200	200	400.00	80 000.00
材料用途			材料编号			
备　注						

发料员：张良华　　　　　　　　　审核人：陈红　　　　　　　　领用人：王伟

4. 发票的开具

发票,是指在购销商品,提供或者接受服务以及从事其他经营活动中,开具、收取的收付款项凭证。现行税制发票分为普通发票和增值税专用发票两大类。普通发票是指纳税人使用的除增值税专用发票以外的其他发票。

本实验涉及两种发票,即增值税专用发票和增值税普通发票,下面分别进行介绍。

1) 增值税专用发票

增值税专用发票是由国家税务总局监制设计印制的,只限于增值税一般纳税人领购使用的,既作为纳税人反映经济活动中的重要会计凭证,又是兼记销货方纳税义务和购货方进项税额的合法证明;是增值税计算和管理中重要的决定性的合法的专用发票。

按税法规定,一般纳税人在销售产品和提供加工、修理、修配、运输等劳务时,应开具增值税专用发票。所以湖南盛湘食品股份有限公司在销售产品和让售材料时需向购买方开具增值税专用发票,如图5-8所示。

实际工作中,增值税发票一般为一式三联,记账联(销货方发票联)、抵扣联(购货方用来扣税)、发票联(购货方用来记账)。本实验考虑到操作的需要,根据业务的内容设计发票联、记账联。

在开具增值税发票时,操作人员应根据"产品销售通知单"或"材料让售通知单"所列明的品名、规格、数量、计量单位和金额等内容,以及适应的税率求得增值税额。本模拟企业适用16%和10%两种税率,开发票时应分析销售的产品或让售的材料适用哪种税率。发票填制完毕后,应在"发票联"加盖"财务专用章"。

043001800105　　湖　南　增　值　税　专　用　发　票　NO.00191546701

<table>
<tr><td rowspan="4">购货单位</td><td>名　　称：</td><td colspan="5">湖南盛湘食品股份有限公司</td><td rowspan="4">密码区</td><td colspan="2">67/*+26635>842+0*9+2/6*1*2+65456</td></tr>
<tr><td>纳税人识别号：</td><td colspan="5">076859854811221</td><td colspan="2">**8559-<2+9/145+*5>22/+622*112/36</td></tr>
<tr><td>地址、　电话：</td><td colspan="5">开福区三一大道268号　0731-84262088</td><td colspan="2">*+25>5214--+698+36++*554**12110</td></tr>
<tr><td>开户行及账号：</td><td colspan="5">工行长沙市支行四方坪分理处 091482543256</td><td colspan="2">+0/0+102*<*5*+--49->3+>2580+/*5+</td></tr>
<tr><td colspan="2">货物或应税劳务、服务名称</td><td>规格型号</td><td>单位</td><td>数量</td><td>单价</td><td>金额</td><td>税率</td><td>税额</td></tr>
<tr><td colspan="2">精面粉</td><td></td><td>kg</td><td>150 000</td><td>1.90</td><td>285 000.00</td><td>10%</td><td>28 500.00</td></tr>
<tr><td colspan="2">普通面粉</td><td></td><td>kg</td><td>35 000</td><td>1.56</td><td>54 600.00</td><td>10%</td><td>5 460.00</td></tr>
<tr><td colspan="2">大米</td><td>标-米</td><td>kg</td><td>100 000</td><td>1.50</td><td>150 000.00</td><td>10%</td><td>15 000.00</td></tr>
<tr><td colspan="2">合计</td><td></td><td></td><td></td><td></td><td>489 600.00</td><td></td><td>48 960.00</td></tr>
<tr><td colspan="2">价税合计(大写)</td><td colspan="5">伍拾叁万捌仟伍佰陆拾元整</td><td colspan="2">(小写)¥538 560</td></tr>
<tr><td rowspan="4">销货单位</td><td>名　　称：</td><td colspan="5">湖南省粮油贸易公司</td><td rowspan="4">备注</td><td rowspan="4"></td></tr>
<tr><td>纳税人识别号：</td><td colspan="5">022914545263</td></tr>
<tr><td>地址、　电话：</td><td colspan="5">长沙市芙蓉路18号　0731-86545236</td></tr>
<tr><td>开户行及账号：</td><td colspan="5">工行长沙市伍家岭支行 02216235</td></tr>
</table>

收款人：刘进　　　　复核：　　　　　开票人：罗玲　　　　销售方：

图5-8　增值税专用发票

2) 增值税普通发票

增值税普通发票是不可以抵扣税款的,一般分为两联,第一联为记账联(销货方记账用)、第二联为发票联(购货单位记账用)。

本实验考虑到业务的需要,只设计了其中的两联。在开此发票时,操作人员应根据汽车队送来的"汽车队用车结算通知单"和"使用签认单"所列情况予以开具,并在"发票联"加盖本单位的财务专用章或发票专用章,如图5-9所示。

043001852423　　湖南增值税普通发票　　NO.0357152462

043001852423

014412175

开票日期：20××年 12 月 1 日

购货单位	名　　　称：湖南盛湘食品股份有限公司 纳税人识别号：076859854811221 地址、　电话：开福区三一大道 268 号　0731-84262088 开户行及账号：工行长沙市支行四方坪分理处　091482543256				密码区	1251*++141225**+266*+/5>5++2214 25-/6>2+135842+0*9>+2/6*1*2+>654 56**85825*-**+65<2552>4/*4125+++ 25011<036+8568**++/2468=+++21		
货物或应税劳务、服务名称	规格型号	单位	数量	单价	金额	税率	税额	
*餐饮服务*餐费					3 500.00	3%	105.00	
合计					3 500.00		105.00	
价税合计（大写）	叁仟陆佰零伍元整				（小写）¥3 605.00			
销货单位	名　　　称：长沙市开福区大岛餐饮店 纳税人识别号：82430105MH 地址、　电话：长沙市营盘路 132 号　0731-86542517 开户行及账号：农行长沙市蔡锷路支行 6228542142153330				备注			

收款人：刘景辉　　　复核：　　　　　开票人：周棠　　　销售方：

第二联：发票联　购买方记账凭证

图 5-9　增值税普通发票

5.3.2　原始凭证的审核

在本实验中，对于外来原始凭证均由教程做统一设计。在凭证的合法性、真实性和正确性等方面都是符合要求的，所以操作中，只需查看手续是否完备及是否有经办人的签名及相关负责人同意的签章。另外，为了方便实验操作，本教程提供了用文字说明的经济业务一览表，该表对经济业务按时间先后做了排序。为了操作者方便查找相关业务的非自制凭证，在印刷的非自制凭证的左上角均有一个编号，此编号的非自制凭证即为第 2 章表 2-37所示的"20××年 12 月份湖南盛湘食品股份有限公司经济业务一览表"中该序号业务应有的原始凭证。

对于自制的原始凭证需进行全面的审核。审核时，应由填制原始凭证以外的人员进行审核，本模拟实验设定由实验主管人员进行审核。审核内容主要包括以下几方面。

（1）审核原始凭证所反映的经济业务是否真实、可靠，是否符合有关政策、法令、制度、合同的规定，是否符合规定的审核权限。

（2）审核经济业务的手续是否完备，应填写的各项内容是否齐全，有关经办人员是否都已签名盖章，主管人员是否审批同意等。对于项目填写不全、手续不完备的原始凭证应补办完整后方可据以入账。

(3) 审核原始凭证中的文字摘要和数字填写是否清楚，数量、单价、金额的计算是否正确，大、小写金额是否一致。

5.4　记账凭证的填制、审核与汇总

5.4.1　记账凭证的填制

在本模拟实验中，记账凭证采用的是通用式记账凭证，如表 5-9 所示，填制时无须区分收款凭证、付款凭证和转账凭证，编号时也采用统一的顺序法。在填制时，应注意以下几点。

(1) 应根据审核无误的原始凭证或原始凭证汇总表填制记账凭证。在本实验中，有些记账凭证是直接根据原始凭证填制的，如银行结算业务、收入业务等；而有些记账凭证是根据原始凭证汇总表填制的，如原材料的收、发业务平时就需填列领料单和收料单，记账凭证是根据发料和收料凭证汇总表填制的。

(2) 记账凭证的内容需填写齐全。填制记账凭证的日期，完整的编号，会计科目，所附原始凭证的张数，凭证填制人员、审核人员、记账人员、会计主管人员的签名或盖章。

(3) 应当对记账凭证进行连续编号。一笔经济业务须填制两张以上记账凭证时，应采用分数编号法编号。

(4) 除转账和更正错误的原始凭证可以不附原始凭证外，其他记账凭证必须附有原始凭证，记账凭证上须注明所附原始凭证的张数，并将记账凭证与所附原始凭证用大头针订在一起以防散失。

(5) 记账凭证填制完毕后，如有空行，应当自金额栏最后一笔金额数字下的空行处至合计数上的空行处划线注销。

5.4.2　记账凭证的审核

记账凭证必须经过审核后才能据以登记各种账簿。审核工作应由填制记账凭证以外的人员担任，本实验中设定为实验主管人员。审核时应注意以下几方面。

(1) 记账凭证所附原始凭证是否齐全，两者内容是否相符，其金额是否与原始凭证的金额或金额合计数一致。

(2) 记账凭证中应借、应贷的账户名称是否与经济业务内容相符，账户对应关系是否清楚，应记金额是否正确。

(3) 记账凭证手续是否完整，应填项目是否填列齐全，有关人员是否都已签章。

表 5-9　记账凭证

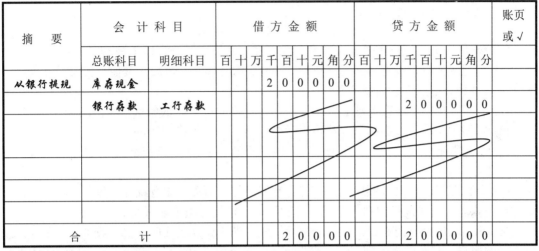

记 账 凭 证

20××年 12 月 1 日　　　　　　　　　　　　　　　　　　第 1 号

摘　要	会 计 科 目		借 方 金 额									贷 方 金 额									账页或√
	总账科目	明细科目	百	十	万	千	百	十	元	角	分	百	十	万	千	百	十	元	角	分	
从银行提现	库存现金				2	0	0	0	0	0											
	银行存款	工行存款												2	0	0	0	0	0		
合　　　　计					2	0	0	0	0					2	0	0	0	0	0		

会计主管：**王伟**　　　　记账：**李立**　　　　审核：**周勇**　　　　制单：**陈文**

5.4.3　记账凭证的汇总

本实验采用科目汇总表的形式进行核算，所以记账凭证须定期进行汇总，编制科目汇总表，以便登记总账，汇总周期按经济业务一览表的操作要求进行。汇总时，按照账户进行归类，计算每一账户的借方发生额和贷方发生额合计数，并将发生额填入科目汇总表的相应栏目内。借、贷双方发生额合计数应该相等。科目汇总表如表 5-10 所示。

表 5-10　科目汇总表

科目汇总表

20××年 12 月 1 日至 12 月 15 日　　　　　　　凭证号　　　　自第　　号至　　号

会计科目	借方发生额	贷方发生额	过账

财会主管：　　　　记账：　　　　复核：　　　　制表：

5.5 登记账簿的方法

5.5.1 登记账簿的基本要求

实验操作人员应根据审核无误的会计凭证登记账簿，并符合以下基本要求。

(1) 登记账簿时，应将会计凭证日期、编号、内容摘要、金额和其他有关资料逐项记入账簿内，做到数字准确、摘要清楚、字迹工整。

(2) 登记完毕后，应在会计凭证上注明已经登账的符号，以免重复登记或漏登。

(3) 账簿中文字和数字的书写要留有适当空格，一般占格间距的下二分之一。

(4) 登记账簿应用蓝、黑墨水书写，不能用铅笔或圆珠笔，除改错、冲销等情况外，不能用红色墨水记账。

(5) 各种账簿应按页次顺序连续登记，不能跳行、隔页。如有跳行、隔页，应将空行空页注销，或者注明"此行空白""此页空白"的字样，并由记账人员签名或盖章。

(6) 凡需结出余额的账户，结出余额后，应在借贷识别栏注明"借"或"贷"字样，没有余额的账户，应在借贷识别栏写"平"字，并在余额栏用"θ"表示。现金日记账和银行存款日记账须逐日结出余额。

(7) 每一账页登记完毕结转下页时，要结出本页发生额及余额，写在本页最后一行和下页第一行有关栏内，并在摘要栏内注明"过次页"和"承前页"的字样。

下面分别介绍各种账簿的登记方法，示例中各账页的数据仅为演示结账方法。

5.5.2 总账的登记方法

在本实验中，由于采用的是科目汇总表的核算方法，故平时所编制的记账凭证一般都用于登记明细账，而总账是根据"科目汇总表"来登记的。登记时，可在摘要栏内注明：据××号科目汇总表记入，每一科目的借方及贷方发生额在同一栏内平行登记，不分上下，然后结出余额，并注明余额方向，如表5-11所示。

表 5-11 总账

总账

账户名称：交易性金融资产

本账第4页
本户第1页

20××年 月	日	凭证号数	摘要	借方（百十万千百十元角分）	贷方（百十万千百十元角分）	借或贷	余额（百十万千百十元角分）
12	1		期初余额			借	6 1 2 0 0 0 0 0
12	15		据15号科目汇总表		4 8 0 0 0 0 0	借	5 6 4 0 0 0 0 0
12	31		据30号科目汇总表	1 2 8 0 0 0 0		借	5 7 6 8 0 0 0 0
12	31		本月合计	1 2 8 0 0 0 0	4 8 0 0 0 0 0		
12	31		结转下年		5 7 6 8 0 0 0 0	平	

5.5.3　日记账和三栏式明细账的登记方法

库存现金和银行存款日记账以及三栏式明细账一般根据记账凭证直接登记。账页上的凭证号为记账凭证的编号，对应科目为记账凭证上与该账户发生额相反方向的科目；若对方科目有两个或两个以上，可将金额分别进行登记，也可以一个主要科目在其中登记，如表 5-12 和表 5-13 所示。

表 5-12　银行存款日记账

银行存款日记账

二级科目：　　　　　　　　　　　　　　　　　　　　　　　　　　　　本账第 2 页

明细科目或户名：工商银行存款　　　　　　　　　　　　　　　　　　本户第 1 页

20××年		凭证号数	摘要	对应科目	借　方 (百十万千百十元角分)	贷　方 (百十万千百十元角分)	借或贷	余　额 (百十万千百十元角分)
月	日							
12	1		期初余额				借	4 3 2 6 5 8 0 0
12	1		采购原材料	物资采购		4 8 9 6 0 0 0		
12	1		采购原材料	应缴税金		6 3 6 4 8 0	借	3 7 7 3 3 3 2 0
			(略)					
12	31		本月合计		5 9 8 9 0 0 4 5	4 6 5 2 4 3 0 0	借	5 1 0 9 9 0 6 5
12	31		结转下年			5 1 0 6 9 0 6 5	平	

表 5-13　原材料明细账

原材料明细账

二级科目：原材料及主要材料　　　　　　　　　　　　　　　　本账第 10 页

明细科目或户名：　　　　　　　　　　　　　　　　　　　　　本户第 1 页

20××年 月	日	凭证号数	摘要	对应科目	借方 百十万千百十元角分	贷方 百十万千百十元角分	借或贷	余额 百十万千百十元角分
12	1		期初余额				借	1 0 5 4 4 0 0 0
12	15		据收料凭证汇总表	物资采购	6 9 2 5 0 0 0		借	1 7 4 6 9 0 0 0
12	15		据发料凭证汇总表	基本生产成本		8 9 6 4 0 0 0	借	8 5 0 5 0 0 0
			(略)					
12	31		本月合计		1 3 2 0 0 0 0 0	1 5 1 3 0 0 0 0	借	6 5 7 5 0 0 0
12	31		结转下年			6 5 7 5 0 0 0	平	

5.5.4　多栏式明细账的登记方法

本实验中，多栏式明细账用于登记"辅助生产成本""制造费用""管理费用""销售费用""财务费用""营业外收入""营业外支出"等明细账，一般可根据记账凭证的明细科目直接填列。登记时，应先将该科目发生的总额在该账簿的借方(营业外收入在贷方)登记，然后在同一栏内将构成该总额的各种费用在明细项内逐一登记。由于这些账户的发生额一般都在借方(营业外收入一般在贷方)，故账页中未设计另一方栏目，若有两方发生额一般都用红字登记，如表 5-14～表 5-16 所示。

表 5-14　制造费用明细账

制造费用明细账

户名：制作车间　　　　　　　　　　　　　　　　　　　　　　本账第 9 页
　　　　　　　　　　　　　　　　　　　　　　　　　　　　　本户第 1 页

20××年		凭证号数	摘要	借方									贷方									借或贷	余额									借方发生额 工资									借方发生额 福利费								
月	日			百	十	万	千	百	十	元	角	分	百	十	万	千	百	十	元	角	分		百	十	万	千	百	十	元	角	分	百	十	万	千	百	十	元	角	分	百	十	万	千	百	十	元	角	分
12	1	1	1～11月累计发生额		1	7	0	3	1	3	0	0		1	7	0	3	1	3	0	0																												
12	5	53	据发料凭证汇总			1	7	6	9	2	8																																					

（接上表右方）

修理费									机物料消耗									低值易耗品摊销									折旧费									取暖费									其他								
百	十	万	千	百	十	元	角	分	百	十	万	千	百	十	元	角	分	百	十	万	千	百	十	元	角	分	百	十	万	千	百	十	元	角	分	百	十	万	千	百	十	元	角	分	百	十	万	千	百	十	元	角	分
																			1	7	6	9	2	8																													

表 5-15　营业外收入明细账

营业外收入明细账

本账第 11 页
本户第 1 页

20×年 月	日	凭证号数	摘要	借方 百十万千百十元角分	贷方 百十万千百十元角分	借或贷	余额 百十万千百十元角分	贷方发生额 固定资产盘盈 百十万千百十元角分	处理固定资产净收益 百十万千百十元角分	其他 百十万千百十元角分
12	1	67	1~11月累计额发生							
12	17		非货币性交易		3 2 1 3 0 0					
			本月合计							
12	31		本年累计							

表 5-16　营业外支出明细账

营业外支出明细账

本账第 15 页
本户第 1 页

20×年 月	日	凭证号数	摘要	借方 百十万千百十元角分	贷方 百十万千百十元角分	借或贷	余额 百十万千百十元角分	贷方发生额 固定资产盘盈 百十万千百十元角分	处理固定资产净收益 百十万千百十元角分	其他 百十万千百十元角分
12	1	67	1~11月累计额发生							
12	17		非货币性交易	3 0 0 0 0 0						
			本月合计							
12	31		本年累计							

5.5.5　专栏式明细账的登记方法

1. 材料采购明细账

本实验中，材料采购共有四个明细账户——原材料、燃料、包装物和低值易耗品，故在入账时应按这四种材料分别进行登记。由于材料采购明细账反映的信息较多，不能仅根据记账凭证进行登记，还须借助原始凭证。其借方发生额反映的是实际采购成本，应根据购货发票、外购材料采购费用分配表分析填列；其贷方发生额为入库物资的计划成本和成本差异，应根据收料单逐笔登记并自行计算出每种物资材料的成本差异，如表 5-17 所示。

表 5-17　材料采购明细账

材料采购明细账

明细科目：原材料　　　　　　　　　　20××年 12 月 1 日

日期	摘要	供货单位	材料名称	计量单位	应收数量	收料情况 日期	收料情况 凭证号	收料情况 实收数量	借方金额 买价	借方金额 运费	借方金额 合计	贷方金额 计划成本	贷方金额 成本差异	贷方金额 合计
1	期初金额	西城食品批发	咸蛋	公斤	1 000	8		1 000	5 800.00		5 800.00	5 600.00	200.00	5 800.00
1	期初金额	西城食品批发	果仁	公斤	200	8		200	1 780.00		1 780.00	1 700.00	80.00	1 780.00
3	购入	株洲诚信批发	白糖	公斤	1 000	3		1 000	3 250.00		3 250.00	3 200.00	50.00	3 250.00
			香精	公斤	100	3		100	2 650.00		2 650.00	2 700.00	50.00	2 750.00
31	本月合计										162 000.00	150 000.00	6 000.00	156 000.00

2. 基本生产成本明细账

基本生产成本明细账按生产车间分别进行登记，其账页只有借方科目，如有贷方发生额，应以红笔登记。该账户的"原材料""燃料"项目应根据"发料凭证汇总表"按领料单用途分项记入；"动力"栏目应根据分配辅助生产成本的记账凭证记入；"工资"和"其他直接费用"应根据"工资费用分配表"和"职工福利费计提表"所编制的记账凭证登记；"制造费用"应根据"费用分配表"记入，如表 5-18 所示。

表5-18 基本生产成本明细账

基本生产成本明细账

本账第 15 页
本户第 1 页

生产车间：制作车间

| 月 | 日 | 凭证号数 | 对方科目 | 摘要 | 直接材料 | | | | 工资 | 其他直接费用 | 制造费用 | 合计 |
					自制半成品	原材料	燃料	动力				
12	1			月初金额		2 460.00	386.00	295.00	3 587.00	502.18	587.00	7 817.18
12	15	52	原材料	材料凭证汇总		6 634.60						6 634.60
12	31			本月合计								
12	31			结转下年								

3. 主营业务收入、主营业务成本、其他业务收入、其他业务支出明细账

在本实验中，主营业务收入、主营业务成本归并在"主营业务收入、成本"账页中进行登记，其他业务收入与其他业务支出同样归并在"其他业务收入、支出"账页中登记。这样设计的目的，一方面可简化账簿的登记工作，另一方面也便于在同一张账页中对收入及成本进行对比，以直观地反映出各项业务的损益状况。

主营业务收入明细账按产品品种分别设置明细账，其他业务收入按材料让售和车队外运收入两个明细账户设置。账户的数量资料须根据原始凭证进行登记。此外，"其他业务收入——材料让售"账户为了方便期末对让售成本进行计算，应在摘要栏里注明让售材料的名称、规格及数量。每个账户都应在期末结出本月发生额及本年累计发生额以计算其损益，另外，期末进行本年利润结转时，转出数不必在本账中登记，如表5-19和表5-20所示。

4. 本年利润明细账

本年利润明细账在本实验中采用的是借、贷合并为一个账户的格式。该账户根据记账凭证首先登记借方或贷方发生额合计数，然后在明细账上逐项登记其明细数。

月初将该账户的借贷方累计发生额登记在总账借贷方，同时在明细账各栏内登记累计发生额，本月发生收入结转至本账户贷方，成本费用结转至该账户借方。在年终结转全年净利润时，应将利润总额在该账户借贷方合计栏登记，同时结出各明细项的全年累计发生额，在账内用红字登记，其全年贷方各明细项的合计数减全年借方各项合计数应与净利润总额相等，如表5-21所示。

表 5-19　主营业务收入、成本明细账

主营业务收入、成本明细账

本账第 20 页

生产车间：夹心酥

本户第 1 页

| 20××年 | | 凭证号数 | 销货单号 | 摘要 | 销售数量 | 销售收入 | | 销售成本 | |
月	日					销售单价	金额	单位成本	金额
12	1			1～11 月累计发生额	60 000	2.8	168 000.00		132 000.00
12	1	4		销往永州九嶷商场	4 000	2.8	15 200.00		
12	31	134		结转本月销售成本				2.31	27 720.00
12	31			本月合计					
12	31			本年累计					

表 5-20　其他业务收入、支出明细账

其他业务收入、支出明细账

本账第 26 页

明细科目：材料让售

本户第 1 页

| 20××年 | | 凭证号数 | 销货单号 | 摘要 | 销售数量 | 其他业务收入 | | 其他业务支出 | | |
月	日					销售单价	金额	其他业务成本	税金即附加	合计
12	1			1～11 月累计发生额						
12	24	85		让售黏玉米	5 000	1.5	7 500.00			
12	31	135		结转让售成本				132 230.00		
12	31			本月合计						
12	31			本年累计						

5. 应缴税费——应缴增值税明细账

应缴税费——应缴增值税在登记时，根据记账凭证上的明细账科目直接登记。当采购物资支付进项税额、缴纳当月应缴增值税时登记在该账户的借方相关栏内；当销售产品收取销项税额及进项税额转出时，登记在该账户的贷方相关栏内；因销售退回及销售折让而导致的增值税销项税额的退回可用红字登记在销项税额下，如表 5-22 所示。月末，将此账户借、贷方合计数进行对比并将余额转入"应缴税费——未缴增值税"账户。

表5-21 本年利润明细账

本年利润明细账

本户第 1 页

20××年月	20××年日	凭证号数	摘要	借方	贷方	借或贷	余额	借方发生额 主营业务成本	借方发生额 主营业务税金及附加
12	1	1	1~11月累计额	5 8 0 0 0 0 0 0	6 0 0 0 0 0 0	贷	1 1 0 0 0 0 0 0	3 8 0 0 0 0 0	2 5 0 0 0 0
12	31		收入结转利润		6 0 9 7 2 9 0 0				
12			本年累计	5 8 0 0 0 0 0 0	5 0 9 7 2 9 0 0		1 1 0 0 0 0 0 0	3 8 0 0 0 0 0	2 5 0 0 0 0

(接上表右方)

借方发生额 管理费用	借方发生额 财务费用	借方发生额 营业费用	借方发生额 营业外支出	借方发生额 所得税
1 0 4 0 0 0 0	1 0 9 2 0 0	9 0 0 0 0	8 0 0 0 0	4 6 5 0 0 0
1 0 4 0 0 0 0	1 0 9 2 0 0	9 0 0 0 0	8 0 0 0 0	4 6 5 0 0 0

其他业务支出				
2 0 0 0 0				
2 0 0 0 0				

(接上表右方)

贷方发生额 主营业务收入	贷方发生额 其他业务收入	贷方发生额 营业外收入	贷方发生额 投资收益
6 5 5 3 8 2 0 0	5 0 9 2 0 0	5 0 1 3 0 0	1 5 0 0 0
7 0 1 3 8 2 0 0	5 0 9 2 0 0	5 0 1 3 0 0	1 5 0 0 0

表 5-22　应缴税费——应缴增值税明细账

应缴税费——应缴增值税明细账

20××年		凭证号	摘要	借方发生额 进项税额									已缴税金									转出未缴增值税									合计								
月	日			百	十	万	千	百	十	元	角	分	百	十	万	千	百	十	元	角	分	百	十	万	千	百	十	元	角	分	百	十	万	千	百	十	元	角	分
12	1		月初余额																																					
12	1	3	原材料采购			6	3	6	4	8	0																												
12	1	4	销售产品																																				
12	31		本月合计																																				
12	31		本年累计																																				

(接上表右方)

贷方发生额 销项税额									进项税额转出									应收出口退税									转出多缴增值税									合计									借或贷	余额 金额								
百	十	万	千	百	十	元	角	分	百	十	万	千	百	十	元	角	分	百	十	万	千	百	十	元	角	分	百	十	万	千	百	十	元	角	分	百	十	万	千	百	十	元	角	分		百	十	万	千	百	十	元	角	分
		5	3	8	9	0	0																																															

5.5.6 数量金额式明细账的登记方法

在本实验中，数量金额式明细账用于登记原材料、燃料、低值易耗品——在库低值易耗品、库存商品及工程物资的三级明细科目，以反映各种物资的收入、发出、退回及结转的数量、单价和金额。由于采用的是永续盘存制，故各种物资的收入、发出都应根据收料单及领料单或入库单及出料单及时逐笔登记，具体登记方法如下。

(1) 原材料、燃料、包装物、低值易耗品账户实行计划价格核算，所以平时登记时可根据收料单或领料单只登记其数量的增加或减少，不计算金额。期末结账时，结出本期入库、发出总量后，乘以计划单价，即可计算出其入库及发出的总金额，再据以登记并结出期末结存数量和结存金额，如表5-23所示。

表5-23 原材料明细账

原材料明细账

本账第1页
本户第1页

产地： 计量单位：**公斤** 材料类别：**原材料及主要材料** 规格： 品名：**精面粉**

月	日	凭证号数	摘要	借(增加)方 数量	单价	百	十	万	千	百	十	元	角	分	贷(减少)方 数量	单价	百	十	万	千	百	十	元	角	分	余额 数量	单价	百	十	万	千	百	十	元	角	分
12	1		期初结存																							10 000	1.96			1	9	6	0	0	0	0
12	1		配料车间领用												5 000	1.96										5 000										
12	31		本月累计	15 6000	1.96			3	0	5	7	6	0	0	22 000	1.96			4	3	1	2	0	0	0	36 000	1.96				7	0	5	6	0	0

(2) 库存商品明细账反映的是企业产成品的收、发、存情况。由于库存商品采用实际成本核算，产品完工入库时，成本尚未结算，故只能登记数量，而金额需等月末成本计算出来以后再根据入库数量进行计算登记。当产品销售出库时，同样日常只需登记数量，商品的发出成本需在月末通过加权平均法计算确定。库存商品明细账格式及登记方法同原材料明细分类账，如表5-24所示。

表 5-24　库存商品明细账

库存商品明细账

本账第 35 页

品名：**夹心酥**　　　　　　　　　　　　　　　　　　　　本户第 1 页

20××年 月	日	凭证号数	摘要	借(增加)方 数量	单价	金额 百	十	万	千	百	十	元	角	分	贷(减少)方 数量	单价	金额 百	十	万	千	百	十	元	角	分	余额 数量	单价	金额 百	十	万	千	百	十	元	角	分
12	1		期初结存																								5 000	2.2			1	1	0	0	0	0	0
12	1		销售发出												4 000	1.96										1 000										
12	4		产成品入库	5 000																						6 000										
12	31		本月合计																																	
12	31		本月累计																																	

（3）工程物资明细账按实际成本核算，计价方法为先进先出法。故在登账时要逐笔登记其收入及发出的数量和金额，如表 5-25 所示。

表 5-25　**工程物资明细账**

本账第 40 页

本户第 1 页

产地：　　计量单位：**吨**　　材料类别：**专用材料**　　规格：**400** 标号　　品名：**水泥**

20××年 月	日	凭证号数	摘要	借(增加)方 数量	单价	金额 百	十	万	千	百	十	元	角	分	贷(减少)方 数量	单价	金额 百	十	万	千	百	十	元	角	分	余额 数量	单价	金额 百	十	万	千	百	十	元	角	分
12	1		期初结存																							5	400			2	0	0	0	0	0	
12	10		围墙改建领用												2	400				8	0	0	0	0		3	400			1	2	0	0	0	0	
12	31		本月合计																																	

5.6　结账及对账的程序和方法

5.6.1　结账的程序和方法

结账是会计期末对账簿记录的总结工作。在结账之前，实验主管人员应先检查是否所有的经济业务均已登记入账、金额是否正确，然后再据以结账。由于本实验模拟的是12月份的经济业务，所以结账工作包括两部分：月结和年结。

1. 月结

各类账户都需进行月结。结账时，应在最后一笔业务下面画一条单红线，然后在单红线下的"摘要"栏内注明"本期(或本月)发生额及期末余额"，再加计借贷方发生额的合计数，最后在"本期(或本月)发生额及期末余额"一行下再画一条单红线，以表明本月的账簿记录已经结束。

2. 年结

由于模拟的是12月份的业务，所以在结出12月份的本期发生额和余额外，还应进行年结。即将各账户的余额转入下一年的新账户。收入、费用类账户没有期末余额，故不需进行年结。资产、负债、所有者权益类账户在年结时，可在各账户"本期(或本月)发生额及期末余额"一行的下面，在"摘要"栏内注明"结转下年"字样，并以与期末余额相反的方向、相同的金额记入"借方"或"贷方"栏内，即借方期末余额记入"贷方"栏内，贷方期末余额记入"借方"栏内。然后在其下面画一条双红线，表示该账户在本年已结束。

5.6.2　对账的程序和方法

在会计信息系统内部，基于复式记账法原理，已形成了一套以账簿为中心，账簿与实物、凭证、报表之间，账簿与账簿之间的相互控制、稽核和自动平衡的保护性机制。在实际工作中，对账的内容包括账证核对、账账核对、账实核对。在本实验中，只要求进行账证之间和账账之间的核对。账实之间的核对，由于条件的限制，教程只提供从开户行取回的"银行对账单"，因此操作者只需进行银行存款账户与银行对账单之间的核对。

1. 账证核对

账证核对是指各种账簿应与原始凭证及记账凭证就时间、凭证字号、内容、金额是否一致、记账方向是否相符进行核对。这项工作在日常操作中即应进行：在编制记账凭证或登记数量金额式账簿前，应对原始凭证进行审核；在登记其他账簿前，应对记账凭证进行审核，以保证账证间的金额相符。

2. 账账核对

账账核对是指总账与总账、总账与明细账和日记账、明细账与明细账之间的核对。具体来说，一是总账的借方与贷方发生额及余额合计数应当核对相等。此项工作可在编制"科目汇总表"时进行。二是总账与各明细账和库存现金、银行存款日记账之间的核对。此项工作可在登记总账以后，将总账的发生额及余额同结出的日记账和明细账的发生额及余额进行核对。三是明细账之间的核对。在本实验中，主要是各存货类的二级明细账同物资部门的三级明细账之间的核对，此项工作可在期末进行。

3. 银行存款账户与"银行对账单"的核对

为保证企业银行货币资金的安全，应将企业的银行存款日记账与银行定期送来的"银行对账单"逐笔核对。核对时如果发现属于企业方的记账差错，应立即更正；如属于银行方面的差错，应通知银行进行更正。另外如有未达账项，还应根据核对情况编制《银行存款余额调节表》，以对未达账项进行调节。《银行存款余额调节表》的格式如表 5-26 所示。

表 5-26　银行存款余额调节表

银行存款余额调节表

存款种类　　　　　　　　　年　　　月　　　日

项　　目	金　　额	项　　目	金　　额
银行对账单上月末余额		企业银行存款月末余额	

本　章　小　结

本章主要介绍了会计模拟实验手工操作的基本内容，提出手工操作在组织、进度安排及考核等方面的要求；根据实验操作程序分别介绍了建账的程序与方法、原始凭证的填制与审核的要求与方法、记账凭证的填制与审核汇总的方法、登记账簿的方法、结账与对账的程序和方法等。

第6章　模拟实验之电算化操作

6.1　电算化操作的基本内容和要求

21 世纪，以纳米技术、新能源技术、基因技术和信息技术为核心的高科技革命正推动人类进入新的文明时代，而信息技术是其中最为重要的推动力量之一。信息技术正改变着会计这一职业的传统，并且重新定义着会计工作。在这样的背景下，财务管理、会计专业的学生不仅要承袭工业时代会计的沿革，更需要获得信息时代会计人员的知识和技能。不仅要熟悉手工会计系统，还需要掌握会计电算化系统的相关知识。因此利用相同的实验案例让学生了解与掌握手工与电算化会计操作技能与方法尤其具有实际意义。

6.1.1　电算化操作的基本内容

随着科学技术的发展和计算机应用的普及，会计核算也越来越离不开计算机技术。会计电算化是会计手段的现代化。会计电算化不是简单地将会计手工核算的内容放入计算机中，使用计算机代替人工进行记账、算账、报账及其他数据处理，而是充分发挥人的主观能动性，将精力集中在研究和分析数据上。会计模拟实验电算化操作是通过一个完整的实验案例，采用一定的财务管理软件，熟悉会计核算软件的应用，掌握软件的操作过程及方法。本教程通过模拟湖南盛湘食品股份有限公司的 12 月份公司运营的完整数据，采用用友 ERP-U8+V12.0 软件，完成基础设置、账务处理(含薪资管理和固定资产)、UFO 报表处理等共 15 项实验。

6.1.2　电算化操作的要求

1. 实验环境的要求

会计电算化系统的实验环境包括局域网、财务软件、操作系统软件、数据库系统软件等。实验数据和结果主要以电子文档存储，数据可形成数据库文档，实验报告可形成电子文本。

2. 实验组织的要求

(1) 学生独立完成实验。实验者同时扮演系统中的不同角色，对实验结果独立负责。

(2) 分小组撰写实验报告，有利于基础薄弱的同学在不能很好地完成实验的情况下，通过小组讨论撰写实验报告，对自己的操作进行对比分析，提高实际操作能力。

3. 实验进度与课时的要求

会计模拟实验电算化操作的计划课时为 40 学时,在安排进度和实验项目时可参照表 6-1 的课时安排。

表 6-1　会计电算化模拟实验课时进度表

章　节	实验内容	进度安排
第一部分　基础设置与总账系统处理	实验一　新建账套及账套属性设置	2 课时
	实验二　总账系统设置	1 课时
	实验三　公共资料设置	2 课时
	实验四　初始数据录入	1 课时
	实验五　总账系统日常业务处理	4 课时
	实验六　总账系统期末处理	2 课时
第二部分　UFO 报表处理	实验七　资产负债表、损益表的生成	4 课时
	实验八　手工制表	2 课时
	实验九　现金流量表的编制	2 课时
第三部分　固定资产系统处理	实验十　固定资产系统设置	2 课时
	实验十一　固定资产日常业务处理	4 课时
	实验十二　固定资产期末处理	2 课时
第四部分　薪资管理系统处理	实验十三　薪资管理基础设置	2 课时
	实验十四　薪资管理日常账务处理	4 课时
	实验十五　薪资管理期末处理	2 课时
第五部分　实验总结	撰写实验报告、实验总结	4 课时

4. 实验考核方法与要求

　　会计模拟实验电算化操作部分的考核与评价是实验的重要环节，通过考核让实验者感受实验的效果，找出错误和不足，以便熟悉系统中的功能和业务流程。通过以下几个方面进行评价，如表 6-2 所示。

表 6-2　会计电算化模拟实验考核内容及评分标准

考核内容	标准分(建议)	实际得分
实验前的准备工作情况	5	
业务顺序、数据输入完整正确性	30	
业务处理结果是否正确	15	
实验时间控制情况	10	
遵守实验纪律的情况	15	
实验报告质量	25	

评分参考标准说明：

有欠缺，但不影响实验过程和最终结果，扣该项目标准分的五分之一；

有少量小错误，对实验过程有影响，对业务处理没有影响，扣该项目标准分的五分之二；

有较多小错误，对部分业务处理结果有影响，扣该项目标准分的五分之三；

有大的疏漏和错误，对大部分结果形成影响，扣该项目标准分的五分之四；

有大的原则性错误，该项目不得分。

6.2　会计核算软件应用的基本程序

会计核算软件的应用是开展会计电算化的一个重要环节，正确与有效地应用会计核算软件有利于发挥会计的职能，有利于实现会计工作的目标，加强管理，提高经济效益。

6.2.1　会计核算软件应用的基本过程

1. 用友 ERP-U8+V12.0

用友 ERP-U8+V12.0 基于强大的用友自主研发 UAP 开发平台，不仅提供了覆盖数十个行业应用全面信息化管理方案，还支持应用商店模式，通过 UAP 开发平台集成了大量成熟的客户化开发成果，借助开发者社区聚合广泛的生态链伙伴为企业提供各种各样的云应用服务，并利用 U8+的服务社区，实现多种互动服务手段，高效响应客户需求。用友 U8 历经16 年市场锤炼，走过了财务业务一体化、U8ERP、U8All-in-One、U8+四个发展阶段，已经成长为亚太第一的中型企业管理软件和云服务平台。

用友 U8+实现了从 ERP 到"软件+云服务"的跨越，用先进技术为成长型企业构建出集"精细管理、产业链协同、云服务"为一体的企业管理与电子商务平台。作为一个蕴含新技术、支撑新模式的全新管理和电子商务平台，U8+继承和发扬助力企业精细管理特质的同时，又为支持企业商业模式变革及企业整个上下游产业链经营协同带来了革命性的变化。用友 U8+为包括财务会计、管理会计、供应链管理、生产制造、客户关系管理、电子商务、人力资源管理、产品全生命周期管理、零售管理、分销管理、商业智能与分析、移动应用与 OA 等领域提供了深入细致的应用解决方案。

2. 会计核算软件的系统初始化

初始化是指企业财务的基础设置以及启用账套的会计期间的期初数据。用友 U8+V12.0在使用前的初始化工作主要包括以下内容。

(1) 操作人员、口令及功能权限的设置。

(2) 账套参数设置(基本信息、凭证、科目、币别、计量单位等)。

(3) 初始数据的录入。

3. 会计核算软件的日常运行

会计核算软件的日常运行是对有关的会计数据进行例行的处理。日常运行是周而复始的工作，即在不同的会计期间内执行重复的相同数据处理工作，如账务处理子系统中每个月都需要进行凭证的编辑、汇总、审核、记账、查询账簿、打印账簿等。会计核算软件的日常运行概括起来主要有以下几方面的内容。

1) 数据录入

会计核算软件的数据录入是指将审核后的原始数据输入计算机，并进行增加、修改和删除，如账务处理子系统中记账凭证的输入、修改和删除操作。

2) 数据校验

会计核算软件的数据校验是指对录入和加工的数据进行正确性核对，如账务处理子系统中会计凭证审核，会计报表子系统中会计报表数据复核等。

3) 数据加工

会计核算软件中的数据加工主要是指对存储于计算机中的数据进行进一步的计算、分类、汇总等处理，如账务处理子系统中记账凭证汇总、记账等功能；工资核算子系统中工资计算、汇总分配和自动生成转账凭证等功能。

4) 数据输出

会计核算软件的数据输出主要包括数据的查询和打印。数据的查询是在显示器中显示有关会计数据，如账务处理子系统中记账凭证、科目汇总表和账簿的查询。数据的打印是将有关会计数据在打印机上打印输出，形成纸介质的书面文件，如工资核算子系统中工资结算单和工资汇总表的打印等。

4. 会计核算软件的特定处理

会计核算软件的特定处理是指在一定条件下对软件某些功能的运用起到承上启下或安全保护的作用。会计应用软件的特定处理主要有以下几个方面。

1) 分期结转

会计核算软件的分期结转，主要是在某个会计期间结束时为下一会计期间会计核算软件的正常运行所做的一些数据准备工作，如账务处理子系统的结账功能，工资核算子系统的月份结转和年度结转等(有的软件也称为初始化)。

2) 数据备份

会计核算软件的数据备份就是将数据进行复制。备份的目的之一是将另存数据作为一种会计档案管理；其二是为防止系统内数据遭到偶然破坏，作为数据恢复的来源。备份分为即时备份和定期备份。有时备份是强制性的，如账务处理子系统在执行年度结账时必须进行的备份就是强制性备份。

3) 数据恢复

会计核算软件的数据恢复就是将备份的数据复制回来。恢复的主要目的之一是当系统数据遭到破坏时，使其恢复到正常运行的状态；另一主要目的是进行历史数据的查询。

4) 数据整理

会计应用软件的数据整理主要包括对数据进行重建索引和意外中断的恢复处理，目的是消除数据混乱，使系统能正常运行。

5. 会计档案的管理

会计电算化系统的会计档案包括存储在计算机硬盘、移动硬盘、光盘等介质的，以及记录在打印输出的以书面形式存在的记账凭证、会计账簿、会计报表等数据，还包括会计应用软件全套文档资料和会计程序。

会计档案的管理包括立卷、归档、保存、调阅、销毁等管理环节。具体的管理工作应制定会计档案管理办法，并按会计档案管理办法执行。

6.2.2 会计核算软件的操作流程

会计核算软件的操作过程如下。

(1) 启动与注册。

本步骤包括接通电源，运行操作系统(如 Windows 系统)，启动会计应用软件，输入日期、操作人员代码、姓名、口令等。

(2) 首先建立账套并执行系统初始化，若账务和供应链等系统同期启用，在此初始化阶段应录入 ERP 系统所需的各项公共资料。然后录入各个子系统的初始数据，并建立各个系统数据对账的环节，以保证初始数据的一致性。

(3) 结束初始化，开始日常业务。在会计系统中，各个子系统各司其职，完成相应的管理工作。其中总账系统是基本系统，以处理凭证为核心。业务往来处理、固定资产子系统最终把各自业务生成的凭证传递到总账系统进行汇总。

(4) 报表系统根据总账系统的凭证业务，生成资产负债表、利润表和现金流量表等财务报表，并进行财务分析。

6.3 总账系统运行的基本程序

总账系统是会计系统中最核心的系统，以凭证处理为核心，进行账簿报表的管理。它可与各个业务系统无缝链接，实现数据共享。企业所有的核算最终都要在总账中体现。

6.3.1 总账系统的操作流程

总账系统的操作流程如图 6-1 所示。

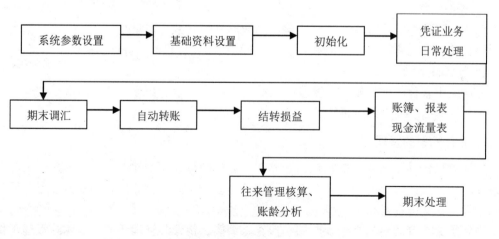

图 6-1　总账系统的操作流程

6.3.2 总账系统的操作过程

目前国内开发的各种会计软件所提供的菜单不尽相同，但具体的功能模块基本一致，而且运行的基本过程大致相同。总账系统运行的基本过程包括：总账系统初始化、总账系统日常账务处理和总账系统期末处理。

1. 总账系统初始化

初始化是指企业财务与物流业务的基础设置，以及启用账套的会计期间的期初数据。

1) 系统参数设置

系统参数是总账系统的基础，它的设置关系到所有经济业务和流程的处理，所以应根据企业的背景情况设置企业的基本信息、凭证、预算、往来传递等系统参数。

2) 基础档案设置

基础档案不仅是总账系统的基础数据，也为其他会计子系统所共同使用，是整个系统中不可缺少的资料。

基础档案分为两大类，一类是包括存货、财务、收付结算、业务、生产制造、对照表等在内的基本公共资料，另一类是核算项目。核算项目是系统提供的有关机构人员、客商信息等组别，应用面非常广泛。在用友U8+V12.0系统中，核算项目与会计科目连用，其功能类似于明细科目，弥补了明细会计科目设置过多，不利于系统运行的缺陷。

3) 初始数据录入

初始数据的录入，就是当各项资料输入完毕后，要输入启用账套时期初的财务数据。

初始余额的录入分两种情况进行处理：一种情况是账套的启用时间是会计年度的第一个会计期间，只需录入各个会计科目的初始余额；另一种情况是账套的启用时间非会计年度的第一个会计期间，此时录入截止到账套启用期间的各个会计科目的本年累计借、贷方发生额，损益的实际发生额，各科目的初始余额。本案例启用期间为1月，是第一种情况。

本功能模块通常提供全屏幕编辑功能，但不能对会计科目进行增、删、改的操作；如果某会计科目设置为有数量、外币核算，会自动要求输入期初数量、外币；初始数据录入可以是期初余额也可以是发生额；当数据录入完毕后，且试算平衡，初始化工作结束，开始日常业务的处理工作。

2. 总账系统日常账务处理

1) 凭证业务的处理

会计凭证是整个会计核算系统的主要数据来源，是核算系统的基础，会计凭证的正确与否将直接影响到整个会计信息系统的真实性、可靠性，因此系统必须要确保录入的会计凭证的数据正确。

凭证业务处理模块包括凭证录入、修改和删除、审核、过账与汇总，以及模式凭证的设置等功能。

凭证录入功能通常要输入下列项目：凭证类别、日期、编号、摘要、会计科目、业务发生金额、其他项目等。在"凭证录入"界面，当录入完一张凭证后，如该凭证内容会经常使用，可以选择"保存为常用凭证"功能，将该凭证保存为常用凭证，以后再使用时，只要在"凭证录入"界面，选择"调入常用凭证"即可。

凭证修改和删除功能通常在凭证查询状态下进行，对未审核的凭证可直接进行修改，如果凭证已经审核，此凭证只能进行查看，不能修改，删除凭证同理。

凭证出纳签字功能主要是对涉及库存现金和银行存款的收入与支出进行审核工作，加强对库存现金和银行存款的管理。签过字的出纳凭证，不可被其他人员删除、修改。如果确实需要修改的，也只有取消签字后才可修改。

凭证审核功能主要是完成记账凭证的复核和签章功能。凭证审核主要是审核记账凭证的真实性、准确性、合法性。在凭证查询状态查询需要审核的记账凭证，选择审核、成批审核、取消审核等功能。在执行凭证审核功能时，审核人与填制人不能是同一操作人员；记账凭证一经审核就不能删除或修改，只能取消审核后才可修改和删除；取消审核只能由审核签章人自己进行；未经审核的记账凭证不允许登记账簿。

凭证记账就是系统将已录入的记账凭证根据其会计科目登记到相关的明细账簿中的过程。经过记账的凭证以后将不再允许修改，只能采取补充凭证或红字冲销凭证的方式进行更正，因此在记账前应该对记账凭证的内容仔细审核。科目汇总就是将记账凭证按照指定的范围和条件汇总科目的借贷方发生额。按不同条件对会计凭证进行汇总，可以提供各种所需的科目汇总信息。对于拥有管理权限的用户，系统还提供了"反记账"的功能。

2) 常用账簿处理

会计账簿是以会计凭证为依据，对全部的经济业务进行全面、系统、分类的记录与核算，并按照专门的格式以一定的形式连接在一起的账页所组成的簿籍。

会计软件提供了总分类账、明细分类账、多栏账、核算项目分类总账、数量金额总账、数量金额明细账中的有关数据资料及各类账簿的关于本位币、各种外币以及综合本位币的发生额和余额数据查询、账簿设置与打印等功能。

查询账簿就是在屏幕上显示各种总账、明细账、分类账、日记账等账簿。各种账簿的查询格式基本上等同于手工账簿的格式。查询时输入查询的条件和范围，系统将按照条件和范围进行查询显示，当执行各种账簿查询时通常提供全屏幕查询和快速查询功能。

打印账簿是通过打印机输出各种形式的总账、明细账、日记账等账簿。打印账簿通常需先执行查询账簿的功能，然后输入打印的条件范围，系统将按其条件范围进行打印，打印出的各种账簿格式与手工账簿相同。

3. 总账系统期末处理

进入期末时，当期日常账务处理录入完毕后，就要进行期末的账务处理与结账了，其工作主要有汇率调整、结转本期损益、自动转账和期末结账等工作。

企业结账之前，按企业财务管理和成本核算的要求，必须进行制造费用、产品生产成本的结转，以及汇兑损益及损益结转等工作。若为年底结转，还必须结平本年利润和利润分配账户。系统提供自动转账方案设置、凭证生成等功能。企业根据每期固定账务处理，如生产成本结转、制造费用结转等，设置自动转账凭证或转账方案。在设置了多期转账期间后，以后各期可以实现自动结转。

"汇兑损益"功能主要用于对外币核算的账户在期末自动计算汇兑损益，生成汇兑损益转账凭证及期末汇率调整表。只有在会计科目中设定了"币种核算"科目，系统才会在期末进行调汇处理。用户在使用"汇兑损益"功能时一定要在所有涉及的外币业务的凭证和要调汇的会计科目全部录入完毕并审核过账后才能进行，以免调汇数据不准确。

"结转损益"功能是将所有损益类科目的本期余额全部自动转入本年利润科目，自动生成结转损益记账凭证。

在本期所有的会计业务全部处理完毕之后，就可以进入期末结账环节了。系统的数据处理都是针对本期的，要进行下一期的处理，必须将本期的账务全部进行结账处理，系统才能进入下一期间。系统在过账之前要对账务处理进行常规性检查，然后对本期输入的所有会计业务资料进行对账之后才能结账。结账完成之后，系统进入下一个会计期间。对于拥有管理权限的用户，系统还提供了"反结账"的功能。如果有其他系统和总账一起使用，一定要将其他模块结账后再结总账。

6.4　报表系统运行的基本程序

会计报表管理系统是会计信息系统中的一个独立子系统，为企业内部各管理部门及外部相关部门提供综合反映企业一定时期财务状况、经营成果和现金流量的会计信息。

会计报表子系统既可编制对外报表，又可编制各种内部报表。它的主要任务是设计报表的格式和编制公式，从总账系统或其他业务系统中取得相关会计信息，自动编制各种会计报表，对该报表进行审核、汇总、生成各种分析图，并按预定格式输出各种报表。

现阶段的通用财务管理软件的报表系统与总账等系统之间拥有完善的接口，为真正的三维立体表提供了丰富的实用功能，完全能实现三维立体表的四维处理能力。

6.4.1　报表系统的数据处理流程

UFO 报表系统的数据处理流程是：利用事先定义的报表公式从账簿、凭证和其他报表文件中采集数据，经过分析、计算，填列在表格中，再将生成的报表数据输出，其流程如图 6-2 所示。

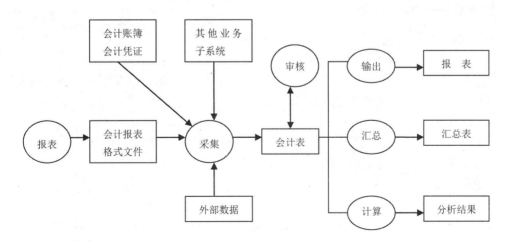

图 6-2　报表系统的数据处理流程

6.4.2　UFO 报表系统的操作流程

UFO 报表系统的操作流程基本可以体现为报表的格式和公式设置、报表的数据处理、报表输出，如图 6-3 所示。

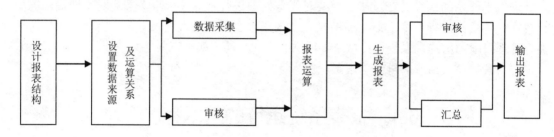

图 6-3　报表系统的操作流程

6.4.3　UFO 报表系统的操作过程

1. UFO 报表自动生成功能

1) 启动 UFO 报表系统并建立新表

启动 UFO 报表系统，建立一个空的报表，并进入格式编辑状态。

2) 调用报表模板

单击"格式"，打开"报表模板"功能，选择企业所在行业与所需报表，覆盖生成新报表。

3) 设置并录入关键字

在格式编辑状态单击数据，设置所需关键字，在数据编辑状态单击数据，录入所需关键字，重新计算保存报表。

2. UFO 报表自定义功能

1) UFO 报表格式定义

(1) 启动 UFO 报表系统建立新表。

启动报表系统，建立一个空的报表，并进入格式编辑状态。这时可以在这张报表上开始设计报表格式，并在保存文件时为报表命名。

(2) 设置报表表样。

报表格式的设置在格式编辑状态下对整个报表都有效。其操作包括以下几个方面。

设置表的尺寸：即设定报表的行数和列数。

定义行高和列宽。

画表格线。

设置单元属性：把固定内容的单元如"项目""行次""期初数""期末数"等定义为表样单元；把需要输入数字的单元定义为数值单元；把需要输入字符的单元定义为字符

单元。

设置单元风格：设置单元的字形、字体、字号、颜色、图案、折行显示等。

定义组合单元：即把几个单元作为一个使用。

设置可变区：即确定可变区在表页上的位置和大小。

确定关键字在表页上的位置，如单位名称、年、月等。

设计好报表的格式之后，可以输入表样单元的内容，如"项目""行次""期初数""期末数"等。

2) UFO 报表公式定义

报表系统有三类公式：计算公式(单元公式)、审核公式和舍位平衡公式。公式的定义在格式编辑状态下进行。

(1) 计算公式定义了报表数据之间的运算关系，在报表数值单元中输入"="就可直接定义计算公式，所以称为单元公式。

(2) 审核公式用于审核报表内或报表之间的勾稽关系是否正确，需要用"审核公式"菜单项定义。

(3) 舍位平衡公式用于报表数据的进位或小数取整时调整数据，避免破坏原数据平衡，需要用"舍位平衡公式"菜单项定义。

3) UFO 报表数据处理

每月末或年末，需要进入 UFO 报表系统，新建一张电子表，然后应用报表模板建立所需报表。报表模板建立起来以后，里面并没有数据，还需要编制报表，以形成表内数据。由于一般的报表如资产负债表和损益表每月都要编制，且每月形成的数据都占用一个表页，而我们定义的表格均只有一张表页。因此，为满足每月编制报表的需要，就要进行相应的表页管理，如增加表页或删除表页等。生成表内数据以后，还需要对报表的编制结果进行审核。在输出报表时如果要进行位数转换，还需要对报表进行舍位平衡。这些步骤统称为报表的数据处理。报表数据处理在数据编辑状态下进行，包括以下几个方面。

因为新建的报表只有一张表页，需要追加多个表页。

如果报表中已定义了关键字，则还需在每张表页上录入对应的关键字。例如录入关键字"单位名称"，在第一页录入"甲单位"，第二页录入"乙单位"，第三页录入"丙单位"等。

在数值单元或字符单元中录入数据。

如果报表中有可变区，而可变区初始只有一行或一列，可追加可变行或可变列，并在可变行或可变列中录入数据。

随着数据的录入，当前表页的单元公式将自动运算并显示结果。如果报表中有审核公式和舍位平衡公式，则执行审核和舍位。需要的话，还可做报表的汇总与合并。

4) 表页管理及报表输出

(1) 表页管理。

① 插入和追加表页。

向一个报表中增加表页有插入和追加两种方式，插入表页即在当前表页前面增加新的表页。追加表页即在最后一张表页后面增加新的表页。

② 交换表页。

交换表页是将指定的任何表页中的全部数据进行交换。

③ 删除表页。

删除表页是将指定的整个表页删除，报表的表页数相应减少。

④ 表页排序。

UFO 提供表页排序功能，可以按照表页关键字的值或者按照报表中任何一个单元的值重新排列表页。"第一关键值"指根据什么内容对表页进行排序。"第二关键值"指当有表页的第一关键值相等时，按照此关键值排列。"第三关键值"指当有多张表页用第一关键值和第二关键值还不能排列时，按照第三关键值排列。

(2) 外观显示设置。

外观显示主要包括定义报表的显示风格和显示比例。

(3) 打印输出。

打印输出一般包括页面设置、打印设置、打印预览和打印。

① 报表模板。

调用报表模板，利用系统内置的报表模板建立一张标准格式的报表。

② 调整标准报表模板。

内置的标准报表模板和各个单位的具体要求可能不同，所以可以对模板的格式和公式进行修改。

③ 自定义模板。

报表模板修改完后，可以将修改完的报表格式重新定义为一个新的模板，以便在使用时直接从报表模板选项中调用。

④ 图表功能。

选取报表数据后可以制作各种图形，如直方图、圆饼图、折线图、面积图、立体图。图形可随意移动；图形的标题、数据组可以按要求设置。图形设置好后可以打印输出。可控制打印方向，如横向或纵向打印；可控制行列打印顺序；既可以设置页眉和页脚，还可以设置财务报表的页首和页尾；可缩放打印；利用打印预览可观看打印效果。

本 章 小 结

本章主要介绍了会计模拟实验电算化操作的基本内容、要求与程序。要求掌握系统管理、总账系统、报表系统以及典型的财务子系统(如薪资管理系统、固定资产系统等)的处理。重点阐述了会计核算软件应用的基本程序，详述了总账系统和报表系统运行的基本程序。

附录

会计模拟实验所需原始凭证及相关报表

原始凭证是企业经济业务发生或完成时取得或者填制的，用来记录或证明经济业务的发生或完成情况的文字凭证。它不仅能用来记录经济业务发生或完成情况，还可以明确经济责任，是进行会计核算工作的原始资料和重要依据，是会计资料中最具有法律效力的一种文件。工作令号、购销合同、购料申请单等不能证明经济业务发生或完成情况的各种单证不能作为原始凭证并据以记账。本教程第三部分提供模拟企业20××年12月份发生的经济业务的所有原始凭证以及业务所需的报表。

附表1

中国工商银行	中国工商银行 现金支票(湘)支票号 0914821001											
现金支票存根												
0914821001	出票日期(大写) 年 月 日				付款行名称：							
科　目_____	收款人：				出票人账号：							
对方科目_____	人民币			亿	千	百	十	万	千	百	十	元 角 分
出票日期 年 月 日	(大写)											
收款人：	用途：_____				科　目(借)_____							
金额：	上列款项请从				对方科目(贷)_____							
用途：	我账户内支付				转账日期 年 月 日							
单位主管　会计	出票人签章				复核　　记账							
复核　　记账												

附表2

湖南盛湘食品股份有限公司借支单(付款凭证)

20××年 12月1日

单　位	借款人姓名	出差地点	用　途
借款金额	人民币(大写)		小写：
结算日期	年 月 日 报销 元	经办人签字	
	年 月 日 交现 元	收款人签字	

注意事项：

1. 借款手续，省内由单位主管批准，省外要经厂办公室主任批准。

2. 报销时间：省内回单位3天，省外回单位一星期报销，一次结清，不许拖欠。

3. 回公司后，在规定时间不报销者，由财务处在借款人工资中扣还。

公司负责人：　　　　　　　单位主管：　　　　　　　借款人签章：

附表 3-1

043001800105　　湖南增值税专用发票　NO.00191546701

国家税务总局
湖南省税务局

043001800105
11936349

开票日期：20××年 12 月 01 日

购货单位	名　　称：湖南盛湘食品股份有限公司 纳税人识别号：076859854811221 地址、　电话：开福区三一大道 268 号 0731-84262088 开户行及账号：工行长沙市支行四方坪分理处 091482543256					密码区	67/*+26635>842+0*9+2/6*1*2+65456** 8559-<2+9/145+*5>22/+622*112/36*+25 >5214-+698+36++*554**12110+0/0+10 2*<*5*+-49->3+>2580+/*5+		
货物或应税劳务、服务名称	规格型号	单位	数量	单价	金额	税率	税额
精面粉		kg	150 000	1.90	285 000.00	10%	28 500.00
普通面粉		kg	35 000	1.56	54 600.00	10%	5 460.00
大米	标-米	kg	100 000	1.50	150 000.00	10%	15 000.00
合计					489 600.00		48 960.00
价税合计(大写)	伍拾叁万捌仟伍佰陆拾元整				(小写)¥538 560		
销货单位	名　　称：湖南省粮油贸易公司 纳税人识别号：022914545263113 地址、　电话：长沙市芙蓉路 18 号 0731-86545236 开户行及账号：工行长沙市伍家岭支行 0221635					备注	湖南省粮油贸易公司 022914545263113 发票专用章		

收款人：刘春明　　　复核：　　　开票人：杨开　　　销售方：

第三联：发票联　购买方记账凭证

附表 3-2

中国工商银行 转账支票存根 0914821002		
科　　目＿＿＿＿		
对方科目＿＿＿＿		
出票日期　年　月　日		
收款人：		
金额：		
用途：		
单位主管　　会计		
复核　　记账		

中国工商银行 转账支票(湘)支票号 0914821002

出票日期(大写)　年　月　日　　付款行名称：

收款人：　　　　　　　　　　　　出票人账号：

人民币　　　　　　　　　　　　亿 千 百 十 万 千 百 十 元 角 分
(大写)

用途：＿＿＿＿＿　　　　　　　科　　目(借)＿＿＿＿＿

上列款项请从　　　　　　　　　对方科目(贷)＿＿＿＿＿

我账户内支付　　　　　　　　　转账日期　　年　月　日

出票人签章　　　　　　　　　　复核　　　记账

附表 4-1

购 销 合 同 书

20××年 11月 22 日　　　　　　　　　　　　　合同编号：986

购货方名称	永州市九嶷商场		销货方名称	湖南盛湘食品股份有限公司		
电话及地址	0746-6875432		电话及地址	0731-84262088		
开户银行及账号	工行永州市支行三里桥分理处 02274581		开户银行及账号	工行长沙市支行四方坪分理处 091482543256		
品　名	型号及规格	计量单位	数　量	单　价	金　额	备　注
福运牌夹心酥		袋	40 000	3.80	152 000.00	(不含税价)
福运牌早餐饼		袋	50 000	3.30	165 000.00	(不含税价)
合计(大写)叁拾壹万柒仟元整(价款)					317 000.00	

合同条款： 1. 交货日期及方式：该年 12 月上旬。(代运)

2. 结算方式：托收承付。

3. 现金折扣条件：无。

4. 质量保证：质量不合格三个月内可退货。

5. 违约责任：购货方到期不付款，每月按货款及税价总额 6%支付滞金，销货方不能延期供货将按货款 30%补付对方。

购货方：　合同专用章　　　　　　　　　　销货方：
购货方代表签名：吴壮　　　　　　　　　　销货方代表签名：周山

附表 4-2

产品销售通知单

20××年 12月 1 日

购货单位：永州市九嶷商场　　　　　　　　　　　　　NO.000111

产品名称及型号	单 位	数 量	单 价	总 价	备 注
福运牌夹心酥	袋	40 000	3.80	152 000.00	购货单位开户行：工行永州市支行购货方账号：02274581
福运牌早餐饼	袋	50 000	3.30	165 000.00	
合　计				317 000.00	

销售处(盖章)　　　　　　　　　　　　　制单人：石文管

附表 4-3

043001900112　　湖南增值税专用发票　NO.00191546701

国家税务总局
记账联
湖南省税务局

043001900112
125472453

开票日期：20××年 12 月 01 日

购货单位	名　　称：永州市九嶷商场	
	纳税人识别号：076859854814265X	密码区
	地址、　电话：九嶷山路 57 号　0746-6875432	
	开户行及账号：工行永州市支行三里桥分理处 02274581	

密码区：
5267/5182+<0*9+2/6*1*2+65456**855
9-2+5247/+62>2*112/3>6+66914--+698
+36++<*554**12110+>0/0+1025+*41/
95/*5225/++--7>41/84200*<++>4215/

货物或应税劳务、服务名称	规格型号	单位	数量	单价	金额	税率	税额
福运牌夹心酥		袋	40 000	3.80	152 000.00	16%	24 320.00
福运牌早餐饼		袋	50 000	3.30	165 000.00	16%	26 400.00
运输费					7 200.00	10%	720.00
装卸费					2 400.00	6%	144.00
合计					326 600.00		51 584.00

价税合计(大写)	叁拾柒万捌仟壹佰捌拾肆元整　　　　(小写)¥378 184.00

销货单位	名　　称：湖南盛湘食品股份有限公司	备注
	纳税人识别号：076859898548	
	地址、　电话：开福区三一大道 268 号　0731-84262088	
	开户行及账号：工行长沙市支行四方坪分理处 091482543256	

湖南盛湘食品股份有限公司
076859898548
发票专用章

收款人：王伟　　　　复核：　　　　开票人：张华　　　　销售方：

第一联：记账联　销货方记账凭证

附表 4-4

托收承付款凭证(回单)

委托日期：20××年 12 月 1 日　　　　托收号码：112001

付款人	全　　称				收款人	全　　称		
	账　　号					账　　号		
	开户银行		行号	121		开户银行	行号	9148

托收金额	人民币		亿	千	百	十	万	千	百	十	元	角	分
	(大写)												

附　　件	商品发运情况	合同名称号码
附寄单证张数或册数		

备注：	款项收妥日期	收款人开户行盖章
	年　月　日	年　月　日

单位主管：　　　　会计：　　　　复核：　　　　记账：

附表 4-5

运 费 结 算 通 知 单

20××年 12 月 1 日　　　　　　　　　　NO.12304

使用单位名称	使用车的类型	计量单位	使用数量	计费单价	计费金额
运费	货车	吨/公里	60公里	120.00	7 200.00
装卸费					2 400.00
合　计					9 600.00

车队队长：　　　　　　　　　　　　　　　经办人：

附表 5-1

湖南盛湘食品股份有限公司领料单(记账联)

材料类别：面粉

领用部门：配料车间——甜式食品　　　　20××年 12 月 1 日　　　　　　　领单号：1

材料类别	材料名称	规　格	单　位	数　量		计划单价	总　价
				请领	实发		
原材料	精面粉		公斤	50 000	50 000	1.96	98 000.00
	普通面粉		公斤	20 000	20 000	1.60	32 000.00
合　计							130 000.00
材料用途	甜式食品						

批准人：杨柳华　　　　　　　领料人：胡广云　　　　　　　发料人：王伟

附表 5-2

湖南盛湘食品股份有限公司领料单(记账联)

材料类别：面粉

领用部门：配料车间——咸式食品　　　　20××年 12 月 1 日　　　　　　　领单号：2

材料类别	材料名称	规　格	单　位	数　量		计划单价	总　价
				请领	实发		
原材料	精面粉		公斤	20 000	20 000	1.96	39 200.00
	普通面粉		公斤	20 000	20 000	1.60	32 000.00
	黏玉米		公斤	25 000	25 000	1.38	34 500.00
合　计							105 700.00
材料用途	咸式食品						

批准人：杨柳华　　　　　　　领料人：胡广云　　　　　　　发料人：王伟

附表 5-3

湖南盛湘食品股份有限公司领料单(记账联)

材料类别：**面粉**

领用部门：配料车间　　　　　　　20××年12月1日　　　　　　　领单号：3

材料类别	材料名称	规格	单位	数量		计划单价	总　价
				请领	实发		
原材料	鲜蛋		公斤	4 000	4 000	4.30	17 200.00
	发酵粉		公斤	1 000	1 000	2.60	26 00.00
合　计							19 800.00
材料用途	甜式与咸式共同领用(各占比50%)						

批准人：**杨柳华**　　　　　　领料人：**胡广云**　　　　　　发料人：**王伟**

附表 5-4

湖南盛湘食品股份有限公司领料单(记账联)

材料类别：**各种材料**

领用部门：制作车间　　　　　　　20××年12月1日　　　　　　　领单号：4

材料类别	材料名称	规格	单位	数量		计划单位	总　价
				请领	实发		
修理材料	筛网		平方米	80	80	56.00	4 480.00
	轴承		副	20	20	28.00	560.00
	齿轮		套	10	10	488.00	4 880.00
合　计							9 920.00
材料用途	机器维修						

批准人：**杨柳华**　　　　　　领料人：**胡广云**　　　　　　发料人：**王伟**

附表 5-5

湖南盛湘食品股份有限公司领料单(记账联)

材料类别：**各种材料**

领用部门：包装车间　　　　　　　20××年12月1日　　　　　　　领单号：5

材料类别	材料名称	规格	单位	数量		计划单价	总　价
				请领	实发		
包装物	包装纸袋		个	300 000	300 000	0.30	90 000.00
			个	6 000	6 000	3.00	18 000.00
合　计							108 000.00
材料用途	甜式与咸式共同领用(各占比50%)						

批准人：**杨柳华**　　　　　　领料人：**胡广云**　　　　　　发料人：**王伟**

附表 5-6

湖南盛湘食品股份有限公司领料单(记账联)

材料类别：**各种材料**

领用部门：公司质检部门　　　　　　20××年12月1日　　　　　　领单号：6

材料类别	材料名称	规 格	单 位	数　量		计划单价	总　价
				请领	实发		
低值易耗品	水分测试仪		台	10	10	1 480.00	14 800.00
	日光灯		根	40	40	23.00	920.00
合　计							15 720.00
材料用途	质检						

批准人：　**杨柳华**　　　　　　领料人：　**胡广云**　　　　　　发料人：**王伟**

附表 5-7

湖南盛湘食品股份有限公司领料单(记账联)

材料类别：**各种材料**

领用部门：汽车队　　　　　　20××年12月1日　　　　　　领单号：7

材料类别	材料名称	规 格	单 位	数　量		计划单价	总　价
				请领	实发		
燃料	汽油		公升	5 000	5 000	2.90	14 500.00
合　计							14 500.00
材料用途	汽车队						

批准人：　**杨柳华**　　　　　　领料人：　**胡广云**　　　　　　发料人：**王伟**

附表6-1

专用借款合同

借款单位：湖南盛湘食品股份有限公司(甲方)

贷款单位：中国工商银行(乙方)

根据《中华人民共和国合同法》的规定，甲方为购建固定资产 M，向乙方申请专项借款，经乙方审查同意发放，为明确各方权责，经双方商定，特签订本合同。

第一条 本合同规定2年贷款额为人民币 10 000 000 元，用于购建固定资产M。

第二条 贷款自支用之日起，按年利率4.75%计收利息。

第三条 乙方保证按照本合同规定供应资金，乙方如因工作差错贻误用款，以致甲方遭受损失，应按直接经济损失，由乙方负责赔偿。

第四条 乙方有权检查贷款使用情况。检查时，甲方对调阅有关文件、账册、凭证和报表，查核资金使用情况等，必须给予方便。

第五条 甲方如违反合同和贷款办法的规定，乙方有权停止贷款，提前收回部分或全部贷款。

本合同正本一式两份，甲乙各方各执一份。

甲方：

乙方：

甲方代表：张立山

乙方代表：袁均

20××年 12 月 1 日

附表6-2

中国工商银行进账单(收账通知)

填报日期：20××年12月1日

收款人	全 称	湖南盛湘食品股份有限公司	付款人	全 称	长沙工商银行二支行
	账 号	09148254325612100104		账 号	09148525238254325614
	开户银行	工行长沙市支行四方坪分理处		开户银行	长沙工商银行芙蓉路分理处

人民币(大写)	壹仟万元整	千	百	十	万	千	百	十	元	角	分
		1	0	0	0	0	0	0	0	0	0
票据种类											
票据张数											
单位主管　会计　复核　记账		收款人开户行盖章　20××年 12 月 1 日									

附表 7-1

043001568412

湖 南 增 值 税 专 用 发 票　　NO.0214751241

043001568412

112152413

开票日期：20××年 11 月 25 日

购货单位	名　　称：	湖南盛湘食品股份有限公司		密码区	1412*+266*+/55++221425-/62+13584 2+0*9+2/6>*1*2+6545<6**85>59-9-* *+653<+25524/*412>5+++25011036+ 8568**++/24>68=++0>0+80+/++21
	纳税人识别号：	0768598548			
	地址、　电话：	开福区三一大道 268 号 0731-84262088			
	开户行及账号：	工行长沙市支行四方坪分理处 091482543256			

货物或应税劳务、服务名称	规格型号	单位	数量	单价	金额	税率	税额
文件夹		个	2 000	1.40	2 800.00	16%	448.00
合计			2 000		2 800.00		448.00

价税合计(大写)	叁仟贰佰肆拾捌元整	(小写)¥3 248.00

销货单位	名　　称：	家润多股份有限公司		备注	92430105M 发票专用章
	纳税人识别号：	92430105M			
	地址、　电话：	长沙市中山路 22 号 0731-8524512			
	开户行及账号：	工行长沙市中山路支行 001124452			

收款人：王松　　　　复核：　　　　　开票人：林育　　　　销售方：

第三联：发票联　购买方记账凭证

附表 7-2

市内差旅费报销单

20××年 12 月 2 日　　　　　　　　编号：1

姓　　名	王莹	部　　门	办公室		
出差事由					
车　　费	560.00	自　　市	起至		止
船　　费		自	起至		止
误餐费					
合计大写	伍佰陆拾元整				

核准：张华　　　　　　出差人：王莹(应附出租车票 2 张，本实验略)

附表 7-3

043001852423　　湖南省增值税普通发票　　NO.0357152462

043001852423

014412175

开票日期：20××年 12 月 1 日

购货单位	名　　　称：湖南盛湘食品股份有限公司	密码区	1251*++141225**+266*+/5>5++2214
	纳税人识别号：0768598548		25-/6>2+135842+0*9>+2/6*1*2+>654
	地址、　电话：开福区三一大道 268 号 0731-84262088		56**85825*-**+65<2552>4/*4125+++
	开户行及账号：工行长沙市支行四方坪分理处　091482543256		25011<036+8568**++/2468=+++21

货物或应税劳务、服务名称	规格型号	单位	数量	单价	金额	税率	税额
*餐饮服务*餐费					3 500.00	3%	105.00
合计					3 500.00		105.00

价税合计(大写)	叁仟陆佰零伍元整	(小写)¥3 605.00

销货单位	名　　　称：长沙市开福区大岛餐饮店	备注	长沙市开福区大岛餐饮店 82430105MH 发票专用章
	纳税人识别号：82430105MH		
	地址、　电话：长沙市营盘路 132 号 0731-86542517		
	开户行及账号：农行长沙市蔡锷路支行 6228542142153330		

收款人：刘景辉　　　　复核：　　　　开票人：周荣　　　　销售方：

第二联：发票联　购买方记账凭证

附表 8-1

委托收款凭证(付款通知)　5

付款期限 20××年 12 月 2 日　　　　　　委收号码：3545

付款人	全　　称	湖南盛湘食品股份有限公司			收款人	全　　称	长沙市供电公司		
	账　　号	091482543256				账　　号	02214741		
	开户银行	工行长沙市支行四方坪分理处	行号	4236		开户银行	工行北麓区支行	行号	5528

委收金额	人民币(大写)壹拾万零叁仟贰佰肆拾元整		开户行收讫	千	百	十	万	千	百	十	元	角	分
					¥	1	0	3	2	4	0	0	0

款项内容	电费	委托收款凭证名称		附寄单证张数	

备　　注	付款人注意： 1. 应于见票当日通知银行划款。 2. 如需拒付，应在规定期限内，将拒付理由书并附债务证明退交开户银行。 工行长沙市支行四方坪分理处(章)

单位主管：肖红正　复核：　　记账：　　付款人：　　开户银行盖章 20××年 12 月 1 日

附表 8-2

04300195243　　　湖南增值税专用发票　　　NO.02259675

04300195243

013321583

开票日期：20××年 12 月 2 日

购货单位	名　　称：湖南盛湘食品股份有限公司 纳税人识别号：0768598548 地址、　电话：开福区三一大道 268 号　0731-84262088 开户行及账号：工行长沙市支行四方坪分理处　091482543256	密码区	3265++5245**+352+/5>5+54225-/6>2 +132+3+32+*9>+2/6*1*2+>65506**8 5825*-*26+5<2552>4/*25-5++2352+ +5011<036+88*2**++/22477+++21

货物或应税劳务、服务名称	规格型号	单位	数量	单价	金额	税率	税额
*电力服务*照明电		度	18 000	0.50	9 000.00	16%	1 440.00
*电力服务*生产用电		度	400 000	0.20	80 000.00	16%	12 800.00
合计					89 000.00		14 240.00

价税合计(大写)	拾万零叁仟贰佰肆拾元整	(小写)¥103 240.00

销货单位	名　　称：长沙市供电公司 纳税人识别号：022145774511 地址、　电话：长沙市桐梓坡路 321 号　0731-88562149 开户行及账号：工行长沙市金鹏支行　004466881134	备注	长沙市供电公司 022145774511 发票专用章

收款人：杨添　　　复核：　　　开票人：李林芳　　　销售方：

第三联：发票联　购买方记账凭证

附表 9-1

采购处通知

财务科：

　　请按合同规定开具银行汇票一张，金额为 500 000 元，由采购员持往吉林省长春市粮油批发公司采购玉米。对方开户行为工行长春市支行大林分理处，账号：03325684。

采购处：何成方

20××年 12 月 2 日

附表 9-2

中国工商银行银行汇票申请书(存根)

第 号

申请日期：20××年 12 月 2 日

申 请 人		收 款 人										
账号或住址		账号或住址										
用 途		代理付款行										
汇票 金额	人民币 (大写)				十	万	千	百	十	元	角	分

上列款项请从我账户内支付	科 目＿＿＿＿＿＿
	对方科目＿＿＿＿＿＿
	转账日期　　年　　月　　日
申请人盖章	财务主管　　复核　　经办

附表 10

中国工商银行信汇凭证书(收款通知)

第 046 号

汇款单位编号　　　　　　　　委托日期 20××年 11 月 29 日

收 款 人	全 称	湖南盛湘食品股份有限公司	汇 款 人	全 称	河南驻马店惠民商城										
	账 号	091482543256		账 号	03562974										
	开户银行	工行长沙市支行四方坪分理处 行号 4236		开户银行	工行驻马支行五分理处 行号 2361										
汇款 金额	人民币 (大写)壹佰万元整					千	百	十	万	千	百	十	元	角	分
					¥	1	0	0	0	0	0	0	0	0	0

汇款用途：购商品

上列款项已进账，如有错误，请持此联来行面洽。	上列款项收无误	开户行 收讫 科 目＿＿＿＿＿ 对方科目＿＿＿＿＿
		汇入行解汇日期：　年　月　日
		复核员　　　经办员
(汇入行盖章) 年　月　日	(收款人盖章) 年　月　日	记账

附表 11-1

中国工商银行 转账支票存根 0914821003 科　目＿＿＿＿＿ 对方科目＿＿＿＿ 出票日期　年　月　日 收款人： 金额： 用途： 单位主管　　会计 复核　　　　记账	**中国工商银行**　　转账支票(湘)　支票号 0914821003

出票日期(大写)　年　月　日　　　付款行名称：
收款人：　　　　　　　　　　　　　出票人账号：

人民币
(大写)　　　　　　　　　| 亿 | 千 | 百 | 十 | 万 | 千 | 百 | 十 | 元 | 角 | 分 |

用途：＿＿＿＿＿
上列款项请从　　　　　　　　科　　目(借)＿＿＿＿＿
我账户内支付　　　　　　　　对方科目(贷)＿＿＿＿＿
出票人签章　　　　　　　　　转账日期　年　月　日
　　　　　　　　　　　　　　复核　　　　记账

附表 11-2

湖南省公路养路费收款(收据联)

缴款单位：湖南盛湘食品股份有限公司　　　　20××年 12月2日　　　湘汽养院　NO 0205922 号

车　别	缴费车辆		缴费 月份	缴费 号码	营运收 入总额	征费 标准	金　额							
	台	吨					十万	万	千	百	十	元	角	分
货车	20		12			800	¥	1	6	0	0	0	0	0
小客车	10		12			400		¥	4	0	0	0	0	0
合计金额(大写)贰萬元整							¥	2	0	0	0	0	0	0
备注														

征费单位：　　　　　　　　　　　　　经办人：彭小年

附表 12-1

中国工商银行电汇凭证书(收款通知)　　　　第 098 号

委托日期20××年 12月3日

汇 款 人	全　称	湖南盛湘食品股份有限公司	收 款 人	全　称	常德市北大门商场		
	账　号	091482543256		账　号	02258461		
	开户银行	工行长沙市支行 四方坪分理处　行号 4236		开户银行	工行常德市支 行一分理处	行号	21005

汇款 金额	人民币 (大写)陆拾陆万陆仟柒佰元整	千	百	十	万	千	百	十	元	角	分
			¥	6	6	6	4	0	0	0	0

汇款用途　购商品　　　　　　留行待取收款人印鉴

上列款项已进账，如有错 误，请持此联来行面洽。 (汇入行盖章) 年　月　日	上列款项验收无误 开户行 收讫 (收款人盖章) 年　月　日	科　目＿＿＿＿＿ 对方科目＿＿＿＿＿ 汇入行解汇日期：　年　月　日 复核员　　经办员 张红 记账

附表 12-2

购 销 合 同 书

20××年 11 月 23 日　　　　　　　　　　合同编号：987

购货方名称	常德市北大门商场		销货方名称	湖南盛湘食品股份有限公司		
电话及地址	0736-6765432		电话及地址	0731-84262088		
开户银行及账号	工行常德支行一分理处		开户银行及账号	工行长沙市支行四方坪分理处 091482543256		
品　名	型号及规格	计量单位	数　量	单　价	金　额	备　注
缘味牌葱油香脆饼		公斤	135 000	4.20	567 000.00	(不含税价)
合计(大写)陆拾捌万元整(价税款及杂费)					￥680 000.00	

合同条款：1. 交货日期及方式：该年 12 月上旬，代运(运费 16610 元)。

2. 结算方式：电汇

3. 现金折扣条件：20(按价款、税款与运费合计数计算)

4. 质量保证：质量不合格三个月内可退货。

5. 违约责任：购货方到期不付款，每月按货款及税价总额 6% 支付罚金。销货方不能如期供货将按货款 30% 补付对方。

购货方：　　　　　　　　　　　　　　　销货方：

购货方代表签名：刘周杜　　　　　　　　销货方代表签名：江山

附表 13-1

购 销 合 同 书

20××年 11 月 23 日　　　　　　　　　　合同编号：988

销货方名称	株洲市诚信食品公司		购货方名称	湖南盛湘食品股份有限公司		
电话及地址	0731-65432111		电话及地址	0731-84262088		
开户银行及账号	工行株洲市支行二分理处 02225824		开户银行及账号	工行长沙市支行四方坪分理处 091482543256		
品　名	型号及规格	计量单位	数　量	单　价	金　额	备　注
白砂糖		公斤	10 000	3.25	32 500.00	(不含税价)
发酵粉		公斤	2 000	2.70	5 400.00	(不含税价)
1#香精	1#	公斤	1 000	26.50	26 500.00	(不含税价)
2#香精	2#	公斤	1 000	33.00	33 000.00	(不含税价)
合计(大写)玖万柒仟肆佰元整(不含税价)					97 400.00	

合同条款：1. 交货日期及方式：该年 12 月上旬，自提。

2. 结算方式：货款下年 1 月 15 日用电汇支付。

3. 质量保证：质量不合格三个月内可退货。

4. 违约责任：购货方到期不付款，每月按货款及税价总额 6% 支付罚金。销货方不能如期供货将按货款 30% 补付对方。

购货方：　　　　　　　　　　　　　　　销货方：

购货方代表签名：刘周杜　　　　　　　　销货方代表签名：江山

附表 13-2

043001874582

湖南增值税专用发票　　NO.00124571

043001874582

0126339568

开票日期：20××年 12 月 2 日

第三联：发票联　购买方记账凭证

| 购货单位 | 名　　称：湖南盛湘食品股份有限公司
纳税人识别号：0768598548
地址、　电话：开福区三一大道 268 号　0731-84262088
开户行及账号：工行长沙市支行四方坪分理处　091482543256 | | | | | 密码区 | 001+5245**+354/5>5+521145-/6>2+
14+3522:*9>+/2/6*1*2+>652**85221
45*-0+5<2622>4/*25-5++2352++50
11<02702+52**++22587+++0+21**1 |

货物或应税劳务、服务名称	规格型号	单位	数量	单价	金额	税率	税额
白砂糖		公斤	10000	3.25	32 500.00	16%	5 200.00
发酵粉		公斤	2000	2.70	5 400.00	16%	864.00
1#香精		公斤	1000	26.50	26 500.00	16%	4 240.00
2#香精		公斤	1000	33.00	33 000.00	16%	5 280.00
合计					97 400.00		15 584.00

价税合计(大写)	壹拾壹万贰仟玖佰捌拾肆元整	(小写)¥112 984.00

| 销货单位 | 名　　称：株洲市诚信食品公司
纳税人识别号：022958948596
地址、　电话：株洲市天元路 211 号　0730-88524753
开户行及账号：工行株洲支行二分理处 02225824 | 备注 | 株洲市诚信食品公司
022958948596
发票专用章 |

收款人：刘忠诚　　　　复核：　　　　开票人：林宇　　　　销售方：

附表 14

湖南盛湘食品股份有限公司材料验收通知单(记账联)

供应商：湖南省粮油贸易公司

填制日期 20××年 12 月 3 日　　　　　　　　　　　　　仓库　编号　1 号

发票号				验收日期		存放地点		附件	
				20××年 12 月 3 日		原材料库		份数　份	
材料编号	材料名称	规格	型号	单位	数量		计划价格		备注
					应收	实收	计划单价	总价	
(略)	精面粉			公斤	150 000	150 000	1.96	294 000.00	
	普通面粉			公斤	35 000	35 000	1.60	56 000.00	
	大米	标-米		公斤	100 000	100 000	1.52	152 000.00	
	合计							502 000.00	

供应科长：　　　　仓库主管：　　　　验收保管：　　　　采购经办：

附表 15

湖南盛湘食品股份有限公司材料验收通知单(记账联)

供应商：株洲市诚信食品公司

填制日期：20××年 12月3日　　　　　　　　　　　　仓库　编号　2 号

发票号					验收日期			存放地点	附件		
					20××年 12月3日			原材料库	份数		份
材料编号	材料名称	规格	型号	单位	数　　量		计划价格			备注
					应收	实收	计划单价	总价		
(略)	白砂糖			公斤	10 000	10 000	3.20	32 000.00		
	发酵粉			公斤	2 000	2 000	2.60	5 200.00		
	1#香精			公斤	1 000	1 000	27.00	27 000.00		
	2#香精			公斤	1 000	1 000	32.00	32 000.00		
	合计							96 200.00		

供应科长：　　　　　仓库主管：　　　　　验收保管：　　　　　采购经办：

附表 16-1

销售科通知

财务科：

　　请按合同规定开具信汇凭证一张，金额为 300 000 元，汇往上海电视台。对方开户行为工行上海市分行解放路分理处，账号：0890744342。

销售科：何威方

20××年 12月2日

附表 16-2

中国工商银行电汇凭证(回单)　　　　　　　　第 09754 号

汇款单位编号　　　　　　委托日期 20××年 12月4日

汇款人	全　称		收款人	全　称												
	账　号			账　号												
	开户银行	行号		开户银行		行号										
汇款金额	人民币(大写)				千	百	十	万	千	百	十	元	角	分		
汇款用途：			留行待取收款人印鉴													

上列款项已进账，如有错误，请持此联来行面洽。

上列款项验收无误

科　目 _____
对方科目 _____
汇入行解汇日期：　　年 月 日
复核员　　　经办员
记账

(汇入行盖章)　　　(收款人盖章)
　年 月 日　　　　　年 月 日

附表 17

长沙市税务局通用缴款书

收缴国库：**长沙支库**　　　　　　　　　　　　　税别：

经济类型：**股份有限责任公司**　　填发日期 20××年　12 月 4 日　　　　长缴字第 0089765 号

纳税单位全称				预算级次		市级									
开户银行				税款所属时间		20××年　11 月									
账号				缴款期限		20××年　12 月									
税目或类别名称	应纳税收入额或其他计税依据	税率或征收率	扣除数	应征税额(或其他收入)	扣除已缴税额	减免或抵免税额	实缴税额(或其他收入)								
							百	十	万	千	百	十	元	角	元
税额小计															
城市维护建设税　　%															
教育费附加　　　%															
滞纳金	逾期　天，每天按税款合计加收　‰														
合计人民币(大写)															
税务机关(盖章) 填发人：**苏红**	上列款项已收妥并划转收款单位账户 国库(银行)盖章 20××年　12 月 4 日			备注											

附表 18

长沙市税务局通用缴款书

收缴国库：**长沙支库**　　　　　　　　　　　　　税别：

经济类型：**股份有限责任公司**　　填发日期 20××年　　月　　日　　　长缴字第 0089765 号

纳税单位全称				预算级次		市级									
开户银行				税款所属时间		20××年　11 月									
账号				缴款期限		20××年　12 月									
税目或类别名称	应纳税收入额或其他计税依据	税率或征收率	扣除数	应征税额(或其他收入)	扣除已交税额	减免或抵免税额	实缴税额(或其他收入)								
							百	十	万	千	百	十	元	角	元
税额小计															
城市维护建设税　　%															
教育费附加　　　%															
滞纳金	逾期　天，每天按税款合计加收　‰														
合计人民币(大写)															
税务机关(盖章) 填发人：**苏红**	上列款项已收妥并划转收款单位账户 国库(银行)盖章 20××年　12 月 4 日			备注											

附表 19

中国银行长沙分行买入外汇收账通知

20××年 12月4日

我行编号	公司编号	外币金额	备注
0807	1003	USD$55000	收取香港旺角购货款

合计外币金额	千	百	十	万	千	百	十	角	分	牌价	折人民币金额	百	十	万	千	百	十	元	角	分
	U	$	5	5	0	0	0	0	0	6.59	¥	3	6	2	4	5	0	0	0	0
											银行手续费									
											净额	¥	3	6	2	4	5	0	0	0	0

附表 20

产品交库单

生产部门：　　　　　　　　　　20××年 月 日　　　　　　　　　　第 号

工号	产品名称	规格	计量单位	检验结果		交付数量	实收数量	单位成本	总成本
				合格	不合格				
	缘味牌奶黄饼					60 000	60 000		168 000.00
	福运牌苏打饼					60 000	60 000		156 000.00
	缘味牌煎饼					30 000	30 000		72 000.00
	缘味牌葱油香脆饼					30 000	30 000		60 000.00
	福运牌早餐饼					80 000	80 000		152 000.00
	福运牌夹心酥					50 000	50 000		110 000.00
	合　计					310 000	310 000		

备注　　　　　　　　　　检验人：　　　　　　　　入库人：

会计：　　　　复核：　　　　　　记账：　　　　　　　制单：

附表 21-1

产品销售通知单

购货单位：河南驻马店惠民商城　　　20××年 12月5日　　　NO.0002

产品名称及型号	单位	数量	单价	总价	备注
福运牌苏打饼	袋	40 000	5.60	224 000	货款原已预收。购货方开户行：工行驻马支行五分理处。购货方账号：03562974
缘味牌煎饼	袋	20 000	4.30	86 000	
福运牌早餐饼	袋	30 000	1.53	46 000	
缘味牌奶黄饼	袋	50 000	5.80	290 000	
缘味牌葱油香脆饼	袋	20 000	4.50	90 000	
合　计				736 000	

销售处(盖章)　　　　　　　　　　经办人：石文管

附表 21-2

产 品 出 库 单

购货单位：河南驻马店惠民商城　　　　20××年　月　日　　　　NO.00023

购货单位	产品名称及型号	单位	数量	备 注
驻马店惠民商城	福运牌苏打饼	袋	40 000	
	缘味牌煎饼	袋	20 000	
	福运牌早餐饼	袋	30 000	
	缘味牌奶黄饼	袋	50 000	
	缘味牌葱油香脆饼	袋	20 000	
合　计			160 000	

仓库负责人：刘盛顿　　　　　　提货人：杨方华　　　　　　经办人：周东

表 21-3

043001900114　　　湖 南 增 值 税 专 用 发 票　NO.00191546712

043001900114

125472456

开票日期：20××年 12 月 05 日

购货单位	名　　　称：河南驻马店惠民商城					密码区	4*+7/5182+<0*9+2/6*1*2+65456**855 9-2+5658*+*112/3>6+654--+6+25+363 5++<*524**1200+>0/0+441025+*41/9 5/*5225/++--7>41/0322*<++>442**15/		
	纳税人识别号：025893475812								
	地址、　电话：胜利路 52 号 0396-85246574								
	开户行及账号：工行驻马店支行五分理处　03562974								
货物或应税劳务、服务名称	规格型号	单位	数量	单价	金额		税率	税额	
福运牌苏打饼		袋	40 000		193 103.45		16%	30 896.55	
缘味牌煎饼		袋	20 000		74 137.93		16%	11 862.07	
福运牌早餐饼		袋	30 000		59 482.76		16%	6 344.83	
缘味牌奶黄饼		袋	50 000		250 000.00		16%	40 000.00	
缘味牌葱油香脆饼		袋	20 000		77 586.21		16%	12 413.79	
合计					634 482.76			101 517.24	
价税合计(大写)	柒拾叁万陆仟元整			(小写)¥736 000.00					
销货单位	名　　　称：湖南盛湘食品股份有限公司					备注	0768598548 发票专用章		
	纳税人识别号：0768598548								
	地址、　电话：开福区三一大道 268 号 0731-84262088								
	开户行及账号：工行长沙市支行四方坪分理处 091482543256								

收款人：王伟　　　　复核：　　　　开票人：张华　　　　销售方：

附表 22

湖南盛湘食品股份有限公司领料单(记账联)

材料类别：

领用部门：销售部　　　　　20××年　月　日　　　　　领单号：8号

材料类别	材料名称	规 格	单 位	数 量		计划单价	总　价
				请领	实发		
包装物	金属货柜		个	9	9	8 600	77 400
							77 400
材料用途			出借				

批准人：杨柳华　　　　　　领料人：胡广云　　　　　　发料人：王伟

附表 23-1

043001814254　　　湖南增值税专用发票　　　NO.00132541

国家税务总局
发票联
湖南省税务局

043001814254
0121103322

开票日期：20××年 12 月 5 日

购货单位	名　　称	湖南盛湘食品股份有限公司	密码区	011+5015**+3215>5+51175-/6>241+4+3510+*9>+2+*1*2+>652**8522145*-0+5<2622>4/*25-5++2742++5011<0296+52**++2847+++0+047*+0*1
	纳税人识别号	0768598548		
	地址、电话	开福区三一大道 268 号 0731-84262088		
	开户行及账号	工行长沙市支行四方坪分理处 091482543256		

货物或应税劳务、服务名称	规格型号	单位	数量	单价	金额	税率	税额
铁花护栏	φ20×1200	公斤	50 000	3.80	190 000.00	16%	30 400.00
合计					190 000.00		30 400.00

价税合计(大写)	贰拾贰万零肆佰元整	(小写)¥220 400.00

销货单位	名　　称	长沙市建筑材料公司	备注	长沙市建筑材料公司 42033215362067 发票专用章
	纳税人识别号	42033215362067		
	地址、电话	长沙市马王堆 134 号 0731-84125875		
	开户行及账号	工行长沙市支行马王堆分理处 03145754		

收款人：刘忠诚　　　　复核：　　　　开票人：林宇　　　销售方：

第三联：发票联　购买方记账凭证

附表 23-2

中国工商银行 转账支票存根 0914821004	中国工商银行 转账支票(湘)支票号 0914821004	
科　　目_____	出票日期(大写)　年　月　日	付款行名称:
对方科目_____	收款人:	出票人账号:
出票日期　年　月　日	人民币　　　　　　　　　　　 亿千百十万千百十元角分	
收款人:	(大写)	
金额:	用途:_____	科　目(借)_____
用途:	上列款项请从	对方科目(贷)_____
单位主管　会计	我账户内支付	转账日期　年　月　日
复核　记账	出票人签章	复核　记账

附表 23-3

湖南盛湘食品股份有限公司工程物资验收通知单

供应商: 长沙市建筑材料公司

填制日期 20××年　月　日　　　　　　　　　仓库　编号　号

材料编号	材料名称	规格	型号	单位	发票号	NO.010534067			
					验收日期	存放地点		附件	
					20××年 12月3日	原材料、燃料库		份数　份	
					数　量		计划价格		
					应　收	实　收	计划单价	总　价	
(略)	铁花护栏			公斤	50 000	50 000	3.80	190 000.00	
备注:									

供应科长:　　　　仓库主管:　　　　验收保管:　　　　采购经办:

附表 24-1

行政科通知

财务科:

　　请按合同规定信汇 50 000 元给星沙建筑工程队, 用于预付围墙改建工程款。对方开户行为建行长沙市分行星沙分理处, 账号: 09074453451。

　　　　　　　　　　　　　　　　　　　　　行政科　吴光

　　　　　　　　　　　　　　　　　　　　　20××年 12月5日

附表24-2

中国工商银行信汇凭证(回单)

第 049 号

汇款单位编号　　　　　　　委托日期20××年 12月5日

汇款人	全　称				收款人	全　称			
	账　号					账　号			
	开户银行		行号			开户银行		行号	

汇款金额	人民币 (大写)		亿	千	百	十	万	千	百	十	元	角	分

汇款用途：　　　　　　　　　　留行待取收款人印鉴

上列款项已进账，如有错误，请持此联来行面洽。	上列款项验收无误	科　目 _____ 对方科目 _____ 汇入行解汇日期：20××年　月　日
(汇入行盖章) 20××年　月　日	(收款人盖章) 20××年　月　日	复核员　　经办员 记账

附表25-1

购 销 合 同 书

20××年 12月3日　　　　　　　　合同编号：989

购货方名称	香港旺角公司	销货方名称	湖南盛湘食品股份有限公司
电话及地址	00852-61765432	电话及地址	0731-84262088
开户银行及账号	中国银行香港分行 02546325	开户银行及账号	工行长沙市支行四方坪分理处 091482543256

产品名称及型号	计量单位	数　量	单　价	金　额	备　注
福运牌早餐饼	袋	40000	0.40美元	16000美元	(不含税价)
福运牌苏打饼	袋	50000	0.70美元	35000美元	(不含税价)

合计(大写)伍万壹仟美元

合同条款：1. 交货日期及方式：该年12月上旬，发货。
　　　　　2. 结算方式：电汇。
　　　　　3. 质量保证：质量不合格三个月内可退货。
　　　　　4. 违约责任：购货方到期不付款，每月按货款及违约金总额6%支付违约金，销货方不能如期供货将按货款30%补付对方。

购货方(未盖章无效)　　　　　　　　　　销货方(未盖章无效)
专用章　　　　　　　　　　　　　　　　专用章
购货方代表签名：周威　　　　　　　　　销货方代表签名：石文管

附表25-2

产 品 销 售 通 知 单

购货单位：香港旺角公司　　　20××年 12月8日　　　NO.0016

产品名称及型号	单　位	数　量	单　价	总　价	备　注
福运牌早餐饼	袋	40 000	0.40美元	16 000.00美元	不含税价 当日汇率1：6.58
福运牌苏打饼	袋	50 000	0.70美元	35 000.00美元	
合　计				736 000美元	

销售处(盖章)　　　　　　　　　　　经办人：肖光

附表 25-3

043001900115　　湖 南 增 值 税 专 用 发 票　NO.00191546713

043001900115
125472457

开票日期：20××年 12 月 05 日

购货单位	名　　称：香港旺角公司 纳税人识别号：055585256359 地址、电话：平安路 2118 号 00852-61765432 开户行及账号：中国银行香港分行 02546325				密码区	4*+7/5182+<0*9+2/6*1*2+65456**855 9-2+5658*+*112/3>6+654--+6+25+363 5++<*524**1200+>0/0+441025+*41/9 5/*5225/++--7>41/0322><++>442**15/		
货物或应税劳务、服务名称	规格型号	单位	数量	单价	金额	税率	税额
福运牌苏打饼 福运牌早餐饼 合计		袋 袋	40 000 50 000	2.63 4.61	105 280.00 230 300.00 335 580.00		
价税合计(大写)		叁拾叁万伍仟伍佰捌拾元整			(小写)¥335 580.00		
销货单位	名　　称：湖南盛湘食品股份有限公司 纳税人识别号：0768598548 地址、电话：开福区三一大道 268 号 0731-84262088 开户行及账号：工行长沙市支行四方坪分理处 091482543256				湖南盛湘食品股份有限公司 0768598548 发票专用章		

收款人：王伟　　　　　　复核：　　　　　　开票人：张华　　　　　　销售方：

附表 26-1

湖南盛湘食品股份有限公司汽车队用车情况结算通知单

20××年 12 月 8 日　　　　　　NO.12302

使用单位名称	使用车的类型	计量单位	使用数量	计费单价	计费金额
河南驻马店惠民商城	货车	吨/公里	40	900	36 000
装卸费					2 000
合计					38 000

车队队长：张蓝天　　　　　　　　　　　经办人：葛俊

附表 26-2

043001900116 湖 南 增 值 税 专 用 发 票 NO.00191546714

国家税务总局
记账联
湖南省税务局

043001900116

125472458

开票日期：20××年 12 月 08 日

购货单位	名　　　称：河南驻马店惠民商城
	纳税人识别号：025893475812
	地址、　电话：胜利路 52 号 0396-85246574
	开户行及账号：工行驻马店支行五分理处　03562974

密码区

09*+7/007+<0*69+2/6*1*2+6308**85
219-2+5018*+*115/3>6+90--+6+25+3
635++<*524**123+>0/0+40054*41/9
5/*5225/++--7>41/++>442**1033+5/0

货物或应税劳务、服务名称	规格型号	单位	数量	单价	金额	税率	税额
运费		吨/公里	40	900	32 727.27	10%	3 272.73
装卸费					1 886.79	6%	113.21
合计					34 614.06		3 385.94

价税合计(大写)	叁万捌仟元整	(小写)¥38 000.00

销货单位	名　　　称：湖南盛湘食品股份有限公司
	纳税人识别号：0768598548
	地址、　电话：开福区三一大道 268 号 0731-84262088
	开户行及账号：工行长沙市支行四方坪分理处　091482543255

备注

货车 40 吨/公里

湖南盛湘食品股份有限公司
0768598548
发票专用章

第一联：记账联　销货方记账凭证

收款人：王伟　　　　复核：　　　　　开票人：张华　　　　销售方：

附表 26-3

湖南盛湘食品股份有限公司汽车队用车情况结算通知单

20××年 12 月 8 日　　　　　　　　　　NO.12302

使用单位名称	使用车的类型	计量单位	使用数量	计费单价	计费金额
香港旺角公司	重型货车	美元/台班	10	280 美元	2 800 美元
装卸费					200 美元
合计					3 000 美元

车队队长：张蓝天　　　　　　　　　　经办人：郭俊

附表 26-4

043001900117

湖南增值税专用发票　NO.00191546715

043001900117

125472459

开票日期：20××年 12月08日

购货单位	名　　称：香港旺角公司							
	纳税人识别号：055585256359					密码区	00*+7/51882+<0*79+2/6*1*2+6336* *85219-2+5458+*+115/3>6+60--+6+ 25+3635++<*524**123+>0/0+44102 5+*41/95/*5++--7>41/++>442**15/0	
	地址、电话：平安路 2118 号 00852-61765432							
	开户行及账号：中国银行香港分行 02546325							
货物或应税劳务、服务名称	规格型号	单位	数量	单价	金额		税率	税额
运费		吨/公里	10	1842.40	18 424.00			
装卸费					1 316.00			
合计					19 740.00			
价税合计(大写)		壹万玖仟柒佰肆拾元整			(小写)¥19 740.00			
销货单位	名　　称：湖南盛湘食品股份有限公司				备注	280 美元/吨/公里 长沙-浏阳店 当日汇率：6.58 0768598548 发票专用章		
	纳税人识别号：0768598548							
	地址、电话：开福区三一大道 268 号 0731-84262088							
	开户行及账号：工行长沙市支行四方坪分理处 0914825 3255							

收款人：王伟　　　　复核：　　　　　　开票人：张平　　　　销售方：

附表 27

中国工商银行												
现金支票存根	中国工商银行 现金支票(湘)支票号 0914821005											
0914821005												
科　　目_____	出票日期(大写)　　年 月 日				付款行名称：							
对方科目_____	收款人：				出票人账号：							
出票日期　年　月　日	人民币	亿	千	百	十	万	千	百	十	元	角	分
收款人：	(大写)											
金额：	用途：_____				科　　目(借)_____							
用途：	上列款项请从				对方科目(贷)_____							
单位主管　会计	我账户内支付				转账日期　　年 月 日							
复核　　记账	出票人签章				复核　　　记账							

附表28

湖南盛湘食品股份有限公司材料验收通知单

供应商：

填制日期 20××年　　月　　日　　　　　　　　　仓库　　编号　　号

发票号		验收日期				存放地点		附件	
		20××年 12月 3日				原材料、燃料库		份数　　份	
材料编号	材料名称	规格	型　号	单位	数　　量		计划价格		
					应收	实收	计划单价	总　价	
(略)	白煤		6000大卡	吨	100	100	364.00	36 400.00	
	咸蛋			公斤	10 000	10 000	5.60	56 000.00	
0	果仁			公斤	2 000	2 000	8.50	17 000.00	
备注：									

供应科长：　　　　　仓库主管：　　　　　验收保管：　　　　　采购经办：

附表29-1

中国工商银行 转账支票存根 0914821006 科　目_____ 对方科目_____ 出票日期　年 月 日 收款人： 金额： 用途： 单位主管　　会计 复核　　　　记账	中国工商银行 转账支票(湘)　支票号 0914821006
	出票日期(大写)　年　月　日　　　付款行名称： 收款人：　　　　　　　　　　　出票人账号：

		人民币 (大写)		亿	千	百	十	万	千	百	十	元	角	分

用途：_____

上列款项请从　　　　　　　　科　目(借)_____

我账户内支付　　　　　　　　对方科目(贷)_____

出票人签章　　　　　　　　　转账日期　年　月　日

　　　　　　　　　　　　　　复核　　　　记账

附表 29-2

043001815634

湖南增值税专用发票 NO.00184412

043001815634

0121582654

开票日期：20××年 12 月 17 日

购货单位	名 称：湖南盛湘食品股份有限公司 纳税人识别号：0768598548 地址、电话：开福区三一大道 268 号 0731-84262088 开户行及账号：工行长沙市支行四方坪分理处 091482543256	密码区	0555+5241+3205>5+5325-/6>201+4+ 3441+*9>+2+*1*2+>652**8522145* -0+5<2622>4/*25*-5++2212++5011< 0296+52**++2847+++0+052+*1401*

货物或应税劳务、服务名称	规格型号	单位	数量	单价	金额	税率	税额
*劳务*绿化费					150 000.00	10%	15 000.00
合计					150 000.00		15 000.00

价税合计(大写)	壹拾陆万伍仟元整	(小写)¥165 000.00

销货单位	名 称：长沙市翠园绿化公司 纳税人识别号：43013241754X 地址、电话：长沙市洪山路 88 号 0731-84261220 开户行及账号：农行长沙市支行四方坪分理处 02354211	备注	长沙市翠园绿化公司 43013241754X 发票专用章

收款人：杨馨　　复核：　　开票人：彭天鹏　　销售方：

第三联：发票联 购买方记账凭证

附表 30-1

湖南盛湘食品股份有限公司领料单(记账联)

材料类别：各种材料

领用部门：配料车间　　　　20××年 12 月 8 日　　　　领单号：9

材料类别	材料名称	规格	单位	数量 请领	数量 实发	计划单价	总价
原材料	咸蛋—咸式		公斤	5 000	5 000	5.60	28 000.00
	白砂糖—甜式		公斤	5 000	5 000	3.20	16 000.00
	玉米—甜式		公斤	40 000	40 000	2.20	88 000.00
	果仁—甜式		公斤	1 000	1 000	8.50	8 500.00
合计							140 500.00
材料用途	甜式与咸式共同领用(各占比 50%)						

批准人：杨柳华　　　　领料人：胡广云　　　　发料人：王伟

附表 30-2

湖南盛湘食品股份有限公司领料单(记账联)

材料类别：**各种材料**

领用部门：**配料车间**　　　　　　　20××年 12月 1日　　　　　　　领单号：10

材料类别	材料名称	规 格	单 位	数 量 请领	数 量 实发	计划单价	总 价
修理用料	传动轴		根	20	20	226.00	4 520.00
低值易耗品	料桶		个	300	300	158.00	47 400.00
合 计							51 920.00
材料用途							

批准人：**杨柳华**　　　　　　领料人：**胡广云**　　　　　　发料人：**王伟**

附表 30-3

湖南盛湘食品股份有限公司领料单(记账联)

材料类别：**各种材料**

领用部门：**制作车间**　　　　　　　20××年 12月 8日　　　　　　　领单号：11

材料类别	材料名称	规 格	单 位	数 量 请领	数 量 实发	计划单价	总 价
原材料	精油		公斤	3 000	3 000	8.00	24 000.00
	鲜蛋		公斤	3 000	3 000	4.30	12 900.00
合 计							36 900.00
材料用途	**甜式与威式共同领用(各占比 50%)**						

批准人：**杨柳华**　　　　　　领料人：**胡广云**　　　　　　发料人：**王伟**

附表 30-4

湖南盛湘食品股份有限公司领料单(记账联)

材料类别：**各种材料**

领用部门：**包装车间**　　　　　　　20××年 12月 8日　　　　　　　领单号：12

材料类别	材料名称	规 格	单 位	数 量 请领	数 量 实发	计划单价	总 价
包装物	包装纸袋		个	300 000	300 000	0.30	90 000.00
	包装箱		个	6 000	6 000	3.00	18 000.00
合 计							108 000.00
材料用途	**甜式与威式共同领用(各占比 50%)**						

批准人：**杨柳华**　　　　　　领料人：**胡广云**　　　　　　发料人：**王伟**

附表 31-1

043001811235　　湖南增值税专用发票　　NO.00182331

043001811235
012125874

开票日期：20××年 12 月 9 日

购货单位	名　　称：湖南盛湘食品股份有限公司 纳税人识别号：0768598548 地址、电话：开福区三一大道 268 号 0731-84262088 开户行及账号：工行长沙市支行四方坪分理处 091482543256	密码区	01+501+3275>5+7/5-/6>269++351+* 9>+2+*1*2+>625*86++65*-0+5<262 2>4/*25*-5++244102++571<086+52* *++57+2032+05+*15*/556+**9901*

货物或应税劳务、服务名称	规格型号	单位	数量	单价	金额	税率	税额
*劳务*维修费					24 655.17	16%	3 944.83
合计					24 655.17		3 944.83

价税合计(大写)	贰万捌仟陆佰元整　　　　(小写)¥28 600.00

销货单位	名　　称：长沙市汽车维修公司 纳税人识别号：43014752845X 地址、电话：长沙市双拥路 17 号 0731-8465228 开户行及账号：工行长沙市支行四方坪分理处 02364582	备注	长沙市汽车维修公司 43014752845X 发票专用章

收款人：罗宇　　　　复核：　　　　开票人：赵亮　　　　销售方：

附表 31-2

中国工商银行 转账支票存根 0914821007	中国工商银行 转账支票(湘)支票号 0914821007	
科　　目_____	出票日期(大写)　年　月　日	付款行名称：
对方科目_____	收款人：	出票人账号：
出票日期　年　月　日	人民币(大写)	亿 千 百 十 万 千 百 十 元 角 分
收款人：		
金额：	用途：_____	科　　目(借)_____
用途：	上列款项请从	对方科目(贷)_____
单位主管　会计	我账户内支付	转账日期　年　月　日
复核　记账	出票人签章	复核　记账

149

附表 32-1

差旅费报销单

20××年 12月 20日

姓名			出差事由				出差日期	自 年 月 日		共 天	
								自 年 月 日			
起止时间及地点					车船费	夜间乘车补助		出差补助费		住宿费	其他杂费
月	日	起点	月	日	终点	金额	天数	标准	金额	天数	标准	金额	金额	金额
小计			元											
合计人民币(大写):						预支 元,核销 元,退(补) 元								

主管: 部门: 审核: 填报人:

附表 32-2

附表 32-3

Z35A2457451

20××年 12月 9日 19：10 分开　　15 车 13 号

上 海　G577　长 沙

ShangHai　　　　ChangSha

￥650.00 元

限乘当日当次车(夜间乘车)

王莹

430121197004157924X

附表 32-4

3101012356852 　 上 海 市 增值税专用发票 NO.00182331

国家税务总局
发票联
湖南省税务局

3101012356852
32101214

开票日期：20××年 12 月 9 日

购货单位	名　　称：湖南盛湘食品股份有限公司	密码区	22+335+*1*2>5+7/5-/6>269++301+*
	纳税人识别号：0768598548		9>++32*1*2+>8545*86++65*-0+5<2
	地址、　电话：开福区三一大道 268 号 0731-84262088		622>4/*25*-5++22452++571<086+52
	开户行及账号：工行长沙市支行四方坪分理处 091482543256		**++57+2757+05+*15*/501+**9251*

货物或应税劳务、服务名称	规格型号	单位	数量	单价	金额	税率	税额
食品质量检测会务费					5943.40	6%	356.60
合计							

| 价税合计(大写) | 陆仟叁佰元整 | (小写)¥6 300.00 | |

销货单位	名　　称：上海展览馆	备注	3105236854X 发票专用章
	纳税人识别号：3105236854X		
	地址、　电话：上海黄浦区天河路 56 号 021-87545255		
	开户行及账号：工行黄浦支行 055232567		

收款人：林星辉 　　　复核： 　　　开票人：周颖 　　　销售方：

附表32-5

31010241247 　上海市增值税专用发票 　NO.001954121

31010241247

23110412

国家税务总局
发票联
湖南省税务局

开票日期: 20××年 12月8日

购货单位	名　　称: 湖南盛湘食品股份有限公司 纳税人识别号: 0768598548 地址、电话: 开福区三一大道 268 号 0731-84262088 开户行及账号: 工行长沙市支行四方坪分理处 091482543256				密码区	01+501+3275>5+7/5-/6>269++351+*9>+2+*1*2+>625*86++65*-0+5<2622>4/*25*-5-++244102++571<086+52**++57+2032+05+*15*/556+**9901*		
货物或应税劳务、服务名称	规格型号	单位	数量	单价	金额	税率	税额
住宿费			6	400.00	2264.15	6%	135.85
合计					2264.15		135.85
价税合计(大写)	贰仟肆佰元整			(小写)¥2 400.00			
销货单位	名　　称: 上海新天宾馆 纳税人识别号: 310101471X 地址、电话: 上海黄浦区天河路 6 号 021-87456523 开户行及账号: 工行黄浦支行 055232152				备注	310101471X 发票专用章		

收款人: 贺玲　　　复核:　　　开票人: 王文军　　　销售方

附表33-1

托收承付款凭证(收账通知) 　1

委托日期 20××年 12月9日　　　　托收号码: 16203

邮																			
付款人	全　称	永州九巖商场				收款人	全　称	湖南盛湘食品股份有限公司											
	账　号	02274581					账　号	091482543256											
	开户银行	工行永州支行东风路分理处	行号	1211			开户银行	工行长沙分行岳麓分理处	行号	9148									
托收金额	人民币 (大写)	叁拾柒万零捌佰玖拾元整						亿	千	百	十	万	千	百	十	元	角	分	
									¥	3	7	0	8	9	0	0	0	
附件: 拒付理由书		商品发运情况						合同名称号码											
附寄单证张数或册数																			
备注		款项收妥日期 年 月 日			收款人开户行盖章 年 月 日														

单位主管:　　　会计:　　　复核:　　　记账:

附表 33-2

托收承付结算部分拒绝付款理由书

拒付日期 20××年 12月9日　　　　　　　　　　原托收号码：

付款人	全　称	永州九嶷商场			收款人	全　称	湖南盛湘食品股份有限公司		
	账　号	02274581				账　号	091482543256		
	开户银行	工行永州支行东风路分理处	行号	1211		开户银行	工行长沙市支行四方坪分理处	行号	4236

托收金额	370 890 元	拒付金额	74 178 元	部分付款金额	亿	千	百 开户行 万 收讫	千	百	十	元	角	分
						2	9	6	7	1	2	0	0

附寄单证	张	部分付款全额	人民币(大写)贰拾玖万陆仟柒佰壹拾贰元整

拒付理由：

由于食品保质期不足两个月,要求折让货款的20%,

故拒付 7417.80 元价税款

同意拒付开户行

付款人盖章

科　目(借)

对方科目(贷)

转账日期　　年　月　日

复核　　　记账

附表 33-3

折让证明单

湖南盛湘食品股份有限公司：

　　由于你公司的食品保质期不足两个月,依合同条款及协商意见,你厂同意按价税款的20%给予永州九嶷商场销售折让,共计 74 178 元,特此证明。

专用章

20××年 12月9日

附表 34

31010252487　　上海市增值税专用发票　　NO.001921124

31010252487

22148910

国家税务总局
发票联
湖南省税务局

开票日期：20××年 12 月 9 日

购货单位	名　　　称：湖南盛湘食品股份有限公司					密码区	09+305+*182>5+7/5-/6>289++71+*9
	纳税人识别号：0768598548						>++32*1*2+>875*86++6745*-0+5<2
	地址、　电话：开福区三一大道 268 号　0731-84262088						622>4/*254*-5++2252++571<086+52
	开户行及账号：工行长沙市支行四方坪分理处　091482543256						**++57+247+05+*15*/501+**91**+

货物或应税劳务、服务名称	规格型号	单位	数量	单价	金额	税率	税额
广告服务费					283 018.87	6%	18 981.13
合计					283 018.87		18 981.13

价税合计(大写)	叁拾万元整	(小写)¥300 000.00	

销货单位	名　　　称：上海电视台	备注	上海电视台
	纳税人识别号：3104251758X		3104251758X
	地址、　电话：上海威海路 298 号　021-62870245		发票专用章
	开户行及账号：工行威海路支行 03352986		

收款人：张平　　　　复核：　　　　开票人：贺敏　　　销售方：

附表 35-1

困难补贴申请书

公司领导：

　　由于我爱人失业，加上医药费开支大，生活十分困难，请公司领导解决我的困难，给予补助 9 000 元，以解燃眉之急。

申请人：胡广云

20××年 12 月 9 日

　　经研究，同意支付胡广云困难补贴玖仟元(¥9 000.00)整。

20××年 12 月 9 日

附表 35-2

领款单

今领到湖南盛湘食品有限公司补助玖仟元(¥9000.00)整。

领款人：胡广云

20××年 12月9日

附表 36-1

湖南盛湘食品股份有限公司汽车队用车情况结算通知单

20××年 12月8日   No.12302

使用单位名称	使用车的类型	计量单位	使用数量	计费单价	计费金额
长沙星沙商场	重型货车	元/台班	4	800	3 200
合 计					3 200

附表 36-2

043001900118

湖南增值税专用发票 NO.00191546716

国家税务总局
记账联
湖南省税务局

043001900118

125472459

开票日期：20××年 12月09日

购货单位	名 称：长沙星沙商场 纳税人识别号：032514265845 地址、电话：盼盼路45号 0731-84936886 开户行及账号：工行长沙市支行星沙分理处 02214574	密码区	7*+8/001+<0*62+2/4*1*2+6308**852 19-2+3418*+*16/3>6+90--+6+25+363 5++<*524**123+>0/0+40054*41/95/* 5968/++--7>41/++>4332**102+5/90+

货物或应税劳务、服务名称	规格型号	单位 吨/公里	数量	单价	金额	税率	税额
运费		150		0.6401	2882.88	10%	317.12
价税合计(大写)	叁仟贰佰元整				(小写)¥3 200.00		

销货单位	名 称：湖南盛湘食品股份有限公司 纳税人识别号：0768598548 地址、电话：开福区三一大道268号 0731-84262088 开户行及账号：工行长沙市支行四方坪分理处 091482543255	备注	食品货物 台班 4台班 湖南盛湘食品股份有限公司 0768598548 发票专用章

收款人：王伟   复核：   开票人：张华   销售方：

第一联：记账联 销货方记账凭证

附表36-3

中国工商银行进账单(收账通知)

填报日期20××年 12月10日

收款人	全 称	湖南盛湘食品股份有限公司	付款人	全 称	长沙星沙商场
	账 号	091482543255		账 号	02214574
	开户银行	工行长沙市支行四方坪分理处		开户银行	工行长沙市支行星沙分理处

人民币(大写)	叁仟贰佰元整			千	百	十	万	千	百	十	元	角	分
								¥	3	2	0	0	0	0

付款单位名称或账号	种类	票据号码	千	百	十	万	千	百	十	元	开户行收讫	收款人开户银行

单位主管: 会计:黄兰 复核: 记账:张春晖

附表37-1

产品销售通知单

购货单位:长沙市织字岭平价商店 20××年 12月10日 NO.00115

产品名称及型号	单位	数 量	单 价	总价	备 注
缘味牌葱油香脆饼	袋	2 000	4.20	8 400.00	工行长沙市分行织字
福运牌果仁曲奇	袋	2 000	5.50	11 000.00	岭分理处 02675432
合 计				19 400.00	

销售主管: 制单人:宵光

附表37-2

产 品 出 库 单

购货单位:长沙市织字岭平价商店 20××年 12月10日 NO.000012

购货单位	产品名称及型号	单 位	数 量	备 注
长沙市织字岭平价商店	缘味牌葱油香脆饼	袋	2 000	
	福运牌果仁曲奇	袋	2 000	
合 计			4 000	

仓库负责人:王伟 提货人:刘创 制单人:宵光

附表 37-3

04300171123　　湖南增值税专用发票　　NO.00191546701

国家税务总局
记账联
湖南省税务局

04300171123
10120225

开票日期：20××年 12月10日

购货单位	名　称：长沙市识字岭平价商店 纳税人识别号：25452147511X 地址、　电话：识字岭路 21 号 0731-84125472 开户行及账号：工行长沙市分行识字岭分理处 02675432				密码区	167/5002+<0*8+2/620*2+65456**8531 9-2+5824/+762>2*112/3>6+62104--+6 98+36++<*524**18850+>0/0+1025+*4 1/95/*5225/++--7>41/8654*<++>4100/		
货物或应税劳务、服务名称	规格型号	单位	数量	单价	金额	税率	税额	
缘味牌葱油香脆饼		袋	2 000	4.20	8 400.00	16%	1 344.00	
福运牌果仁曲奇		袋	2 000	5.50	11 000.00	16%	1 760.00	
合计					19 400.00		3 104.00	

价税合计(大写)	贰万贰仟伍佰零肆元整	(小写)¥22 504.00

销货单位	名　称：湖南盛湘食品股份有限公司 纳税人识别号：0768598548 地址、　电话：开福区三一大道 268 号 0731-84262088 开户行及账号：工行长沙市支行四方坪分理处 091482543256	备注	湖南盛湘食品股份有限公司 0768598548 发票专用章

第一联：记账联　销货方记账凭证

收款人：王伟　　　　　复核：　　　　　开票人：张华　　　　　销售方：

附表 37-4

中国工商银行进账单(收账通知)

填报日期：20××年 12月10日

收款人	全　称	湖南盛湘食品股份有限公司	付款人	全　称	长沙市识字岭平价商店							
	账　号	091482543256		账　号	02675432							
	开户银行	工行长沙市支行四方坪分理处		开户银行	工行长沙市支行识字岭分理处							
人民币(大写)		贰万贰仟伍佰零肆元整		千	百	拾	万	仟	百	十	元	角	分
						¥2	2	5	0	4	0	0
票据种类			收款人开户行盖章									
票据张数			20××年 12月3日									
单位主管　会计　　复核　　记账												

附表 38

湖南盛湘食品股份有限公司工程物资领料单

物资类别：专用材料

领用部门：　　　　　　　　　　20××年　　月　日　　　　　　　　领单号：

材料名称	规　格	单　位	数　量		单价(不含税价)	总　价
			请领	实发		
铁花护栏	φ20×1200	米	50000	50000	3.80	190 000.00
水泥	400 标号	吨	20	20	400.00	8 000.00
材料用途			材料编号			
备　注						

批准人：杨柳华　　　　　　　　领料人：胡广云　　　　　　　　发料人：王伟

附表 39-1

043001811236　　　　湖南增值税专用发票　　NO.00182332

国家税务总局
发票联
湖南省税务局

043001811236

012125875

开票日期：20××年 12 月 10 日

购货单位	名　　　称：湖南盛湘食品股份有限公司	密码区	0031+01+3244>5+7/5-/6>289++38+*9>+2+*1*2+>25*816++65*-0+5<2222>4/*25-5++2528++91<089+52**++57+2032+05+*15*/546+**95*++471*
	纳税人识别号：0768598548		
	地址、　电话：开福区三一大道 268 号 0731-84262088		
	开户行及账号：工行长沙市支行四方坪分理处 091482543256		

货物或应税劳务、服务名称	规格型号	单位	数量	单价	金额	税率	税额
包装箱		个	2000	2.90	5 800.00	16%	928.00
包装袋		个	80000	0.31	24 800.00	16%	3 968.00
合　计					30 600.00		4 896.00

价税合计(大写)	叁万伍仟肆佰玖拾陆元整	(小写)¥35 496.00

销货单位	名　　　称：长沙市包装材料公司	备注	
	纳税人识别号：42033215362090		
	地址、　电话：长沙市韶山路 8 号 0731-56284865		
	开户行及账号：工行长沙市支行韶山路分理处 234249678		

长沙市包装材料公司
42033215362090
发票专用章

收款人：柏海　　　　复核：　　　　　开票人：周岳梅　　　销售方：

第三联：发票联　购买方记账凭证

附表 39-2

中国工商银行	中国工商银行 转账支票(湘)支票号 0914821008												
转账支票存根													
0914821008	出票日期(大写)　年　月　日			付款行名称：									
科　　目＿＿＿＿	收款人：			出票人账号：									
对方科目＿＿＿＿	人民币		亿	千	百	十	万	千	百	十	元	角	分
出票日期　年　月　日	(大写)												
收款人：	用途：＿＿＿＿			科　目(借)＿＿＿＿									
金额：	上列款项请从			对方科目(贷)＿＿＿＿									
用途：	我账户内支付			转账日期　年　月　日									
单位主管　会计	出票人签章			复核　　　记账									
复核　　记账													

附表 40

043001852423　　　湖南省统一税普通发票　　NO.0357152462

国家税务总局
发票联
湖南省税务局

043001852423
014412175

开票日期：20××年 12 月 11 日

购货单位	名　　　称：湖南盛湘食品股份有限公司	密码区	1251*++141225**+266*+/5>5++2214
	纳税人识别号：0768598548		25-/6>2+135842+0*9>+/2/6*1*2+>654
	地址、电话：开福区三一大道 268 号 0731-84262088		56**85825*-**+65<2552>4/*4125++
	开户行及账号：工行长沙市支行四方坪分理处 091482543256		+25011<036+8568**++/2468=+++21

货物或应税劳务、服务名称	规格型号	单位	数量	单价	金额	税率	税额
*停车服务*停车费					4905.66	6%	294.34
合计					4905.66		294.34

价税合计(大写)	伍仟贰佰元整	(小写)¥5 200.00	

销货单位	名　　　称：长沙市三角坪商场	备注	长沙市三角坪商场 430154200012525 发票专用章
	纳税人识别号：430154200012525		
	地址、电话：长沙市湘雅路 77 号 0731-85414747		
	开户行及账号：建行长沙市湘雅路支行 6227211023546		

收款人：刘景辉　　　复核：　　　开票人：蒋芳　　　销售方：

第三联：发票联　购买方记账凭证

附表 41

043001868472　　湖南增值税专用发票　　NO.0112635501

国家税务总局
发票联
湖南省税务局

043001868472
013659820

开票日期：20××年 12 月 11 日

购货单位	名　　称：湖南盛湘食品股份有限公司 纳税人识别号：0768598548 地址、电话：开福区三一大道 268 号 0731-84262088 开户行及账号：工行长沙市支行四方坪分理处 091482543256				密码区	032*++12635**+206*+/7>5++2475-/6 >2+13-562+2+0*9>+2/6*1*2+>65256 **820105-*-+65<3112>4/*4125+++ 25011<036+7358**++/2078=+++200		
货物或应税劳务、服务名称	规格型号	单位	数量	单价		金额	税率	税额
消耗性修理材料 合计						7413.79 7413.79	16%	1186.21 1186.21
价税合计(大写)	捌仟陆佰元整			(小写)¥8 600.00				
销货单位	名　　称：长沙县星沙汽配商店 纳税人识别号：4301523641X 地址、电话：长沙县星沙天华 32 号 0731-84425621 开户行及账号：农行星沙支行 62286541				备注	长沙县星沙汽配商店 4301523641X 发票专用章		

收款人：钟汉民　　　复核：　　　开票人：周仁　　　销售方：

第三联：发票联　购买方记账凭证

附表 42-1

湖南盛湘食品股份有限公司汽车队用车情况结算通知单

20××年 12 月 11 日　　　　　　　　　　NO.12302

使用单位名称	使用车的类型	计量单位	使用数量	计费单价	计费金额
长沙市乐福超市	轻型货车	元/台班	1	400	400 元
装卸费					20 元
合　计					420 元

车队队长：张蓝天　　　　　　　　　　　经办人：郭俊

附表 42-2

043001900119

湖 南 增 值 税 专 用 发 票　NO.00191546717

043001900119

125472460

开票日期：20××年 12月11日

购货单位	名　称：长沙市乐福超市 纳税人识别号：022143586725 地址、电话：芙蓉中路23号 0731-855456678 开户行及账号：工行长沙市支行北站路分理处 02214959	密码区	7*+866+<0*62+2/4*1*2+0018**8093 9-2+3656*+*16/3>6+97--+6+25+3635 ++<*524**5234+>3/0+4210*41/95/*5 968/++--7>41/++>4376**10-++5/90+

货物或应税劳务、服务名称	规格型号	单位	数量	单价	金额	税率	税额
运费		吨/公里	10	42.00	363.63	10%	36.36
装卸费					18.87	6%	1.14
合计					382.50		37.50

价税合计(大写)	肆佰贰拾元整	(小写)¥420.00

销货单位	名　称：湖南盛湘食品股份有限公司 纳税人识别号：0768598548 地址、电话：开福区三一大道268号 0731-84262088 开户行及账号：工行长沙市支行四方坪分理处 091482543256	备注	食品货物　10吨 42元/吨公里　20公里

收款人：王伟　　复核：　　开票人：张华　　销售发票专用章

第一联：记账联　销货方记账凭证

附表 43-1

长沙市统一收费收据

付款单位：湖南盛湘食品股份有限公司　　20××年 12月11日　　NO.3262750

收费项目名称	收费标准	十	万	千	百	十	元	角	分
排水费		¥	3	0	0	0	0	0	0
小写金额合计		¥	3	0	0	0	0	0	0
金额人民币(大写)叁万元整　专用章									

收费单位(盖章)　　收款人：周同兴　　交款人：邓立英

附表 43-2

委邮

委托收款凭证(付款通知)　5

付款期限　20××年　12 月 11 日　　　　　　委收号码:359087

付款人	全　称	湖南盛湘食品股份有限公司	收款人	全　称	长沙市排水服务公司		
	账　号	091482543256		账　号	00234679456		
	开户银行	工行长沙市支行四方坪分理处	行号 4236	开户银行	建行玉华分理处	行号	5418

委收金额	人民币 (大写)叁万元整		亿	千	百	十	万	千	百	十	元	角	分
		¥				3	0	0	0	0	0	0	0

款项内容	排水费	委托收款凭证名称		附寄单证张数	

备注	付款人注意: 1. 应于见票当日通知银行划款。 2. 如需拒付,应在规定期限内,将拒付理由书并附债务证明退交开户银行。 　　　　　　　　工行长沙市支行四方坪分理处(章)

单位主管:方正　　复核:　　　　记账:　　　　付款人开户银行盖章 20××年 12 月 11 日

附表 44-1

04300182351　　湖南增值税普通发票　　NO.0211056320

国家税务总局
发票联
湖南省税务局

04300182351
013248678

开票日期:20××年 12 月 12 日

购货单位	名　称:	湖南盛湘食品股份有限公司	密码区	171*++1413**+256*+/5>5++22785-/6
	纳税人识别号:	0768598548		>12+13212+0*9>+2/6*1*2+>6256**8
	地址、电话:	开福区三一大道 268 号 0731-84262088		527*-**+65<292>4/*485+++2571<036
	开户行及账号:	工行长沙市支行四方坪分理处 091482543256		+877**++/233+++54*628+59+6++*

货物或应税劳务、服务名称	规格型号	单位	数量	单价	金额	税率	税额
教育培训费					16 981.13	6%	1 018.87
合计					16 981.13		1 018.87

价税合计(大写)	壹万捌仟元整　　(小写)¥18 000.00		

销货单位	名　称:	长沙市电脑学校	备注
	纳税人识别号:	43013320179650	
	地址、电话:	长沙市中山路 88 号 0731-85881288	
	开户行及账号:	建行中山路支行 62273326	

长沙市电脑学校
43013320179650
发票专用章

收款人:杨清　　　　复核:　　　　开票人:黎明奇　　　销售方:

第三联：发票联　购买方记账凭证

附表 44-2

中国工商银行 转账支票存根 0914821009	中国工商银行 转账支票(湘)支票号 0914821009
科　　目＿＿＿＿＿ 对方科目＿＿＿＿＿ 出票日期　年　月　日	出票日期(大写)　年　月　日　　付款行名称： 收款人：　　　　　　　　　　出票人账号：

出票日期(大写)　年　月　日　　付款行名称：

收款人：　　　　　　　　　　出票人账号：

人民币
(大写)

亿	千	百	十	万	千	百	十	元	角	分

收款人：
金额：
用途：

用途：＿＿＿＿＿　　　　　科　　目(借)＿＿＿＿
上列款项请从　　　　　　　对方科目(贷)＿＿＿＿
我账户内支付　　　　　　　转账日期　年　月　日
出票人签章　　　　　　　　复核　　　记账

单位主管　会计
复核　　记账

附表 45

职工子弟助学补助发放表

20××年 12 月 12 日

职工姓名	子女姓名	所读学校	补助金额(元)	签名
孙大伟	孙蓉	潇湘小学	200.00	孙大伟
王晶莹	王好	潇湘小学	200.00	王晶莹
张河强	张雪萍	潇湘小学	200.00	张河强
胡广云	胡明	潇湘小学	200.00	胡广云
王伟	王克	第八中学	500.00	王伟
张华	张娟	第八中学	500.00	张华
王良伟	王卫红	第八中学	500.00	王良伟
郑小华	郑天琴	武汉大学	800.00	郑小华
杨方华	杨晶	长沙大学	800.00	杨方华
陈胜利	陈秀秀	湘潭大学	800.00	陈胜利
合　计			4 700.00	

主管领导：孙伟　　　　制表人：吴光　　　　审核人：王莹

同意支付　　张立山　　　　　　　　　　20××年 12 月 12 日

附表 46-1

银行承兑汇票

签发日期 20××年 10 月 12 日　　　　第 891056 号

<table>
<tr><td rowspan="3">收款人</td><td>全称</td><td colspan="4">湖南盛湘食品股份有限公司</td><td rowspan="3">承兑人</td><td>全称</td><td colspan="4">长沙市东方超市</td></tr>
<tr><td>账号</td><td colspan="4">091482543256</td><td>账号</td><td colspan="4">02215468</td></tr>
<tr><td>开户银行</td><td colspan="3">工行长沙市支行四方坪分理处</td><td>行号</td><td>4236</td><td>开户银行</td><td colspan="2">工行长沙支行司门口分理处</td><td>行号</td><td>0978</td></tr>
<tr><td rowspan="2">汇票金额</td><td>人民币</td><td colspan="8"></td><td>亿</td><td>千</td><td>百</td><td>十</td><td>万</td><td>千</td><td>百</td><td>十</td><td>元</td><td>角</td><td>分</td></tr>
<tr><td colspan="9">(大写)贰拾万元整</td><td></td><td></td><td>¥</td><td>2</td><td>0</td><td>0</td><td>0</td><td>0</td><td>0</td><td>0</td><td>0</td></tr>
</table>

汇票到期日 20××年 4 月 12 日

本汇票送请你行承兑，并确认《银行结算办法》和承兑协议的各项规定。	承兑协议编号	2345	交易合同号码	5678001

承兑银行　　　20××年 10 月 12 日	承兑银行章	科目(借)_____ 对方科目(贷)_____ 转账日期 20××年 10 月 12 日
本汇票经本行承兑，到期日由本行付交。 承兑申请人章　　　20××年 10 月 12 日	汇票签发人章	负责　　经办　　　复核　　记账

附表 46-2

贴现凭证(收账通知)

填写日期 20××年 12 月 20 日　　　　第 6701 号

<table>
<tr><td rowspan="3">申请单位</td><td>全称</td><td colspan="2">湖南盛湘食品股份有限公司</td><td rowspan="3">贴现汇票</td><td>种类</td><td colspan="2">银行承兑汇票</td><td>号码</td><td></td></tr>
<tr><td>账号</td><td colspan="2">091482543256</td><td>发票日</td><td colspan="3">20××年 10 月 12 日</td></tr>
<tr><td>开户银行</td><td colspan="2">工行长沙市支行四方坪分理处</td><td>到期日</td><td colspan="3">20××年 4 月 20 日</td></tr>
<tr><td colspan="2">汇票承兑单位或银行</td><td colspan="2">工行长沙市支行四方坪分理处</td><td>账号</td><td colspan="2">254325623478</td><td>开户银行</td><td colspan="2">工行长沙支行长岭分理处</td></tr>
<tr><td colspan="2">汇票金额
(或贴现金额)</td><td colspan="3">人民币(大写)贰拾万元整</td><td>百</td><td>十</td><td>万</td><td>千</td><td>百</td><td>十</td><td>元</td><td>角</td><td>分</td></tr>
</table>

| | | | | | | | | | | | | | | 百 | 十 | 万 | 千 | 百 | 十 | 元 | 角 | 分 |
| | | | | | | | | | | | | | | ¥ | 2 | 0 | 0 | 0 | 0 | 0 | 0 | 0 |

贴现率	0.6%	贴现利息	十	万	千	百	十	元	角	分	实付贴现金额	百	十	万	千	百	十	元	角	分
					¥	4	8	0		0		¥	1	9	5	2	0	0	0	0

开户行收讫 银行审批

上述款项已转入你单位账户　　　20××年 12 月 20 日	备注：不带息票据

附表 47-1

湖南盛湘食品股份有限公司领料单

材料类别：各种材料

领用部门：配料车间　　　　　　　20××年　月　日　　　　领单号：14

材料类别	材料名称	规　格	单　位	数　量		计划单价	总　　价
				请领	实发		
低值易耗品	工作服		套	60	60	228.00	13 680.00
合　计							
材料用途							

批准人：杨柳华　　　　　　　领料人：胡广云　　　　　　　发料人：王伟

附表 47-2

湖南盛湘食品股份有限公司领料单

材料类别：各种材料

领用部门：制作车间　　　　　　　20××年　月　日　　　　领单号：15

材料类别	材料名称	规　格	单　位	数　量		计划单价	总　　价
				请领	实发		
低值易耗品	工作服		套	80	80	228.00	18 240.00
合　计							
材料用途							

批准人：肖光　　　　　　　领料人：郑小华　　　　　　　发料人：王伟

附表 47-3

湖南盛湘食品股份有限公司领料单

材料类别：各种材料

领用部门：包装车间　　　　　　　20××年　月　日　　　　领单号：16

材料类别	材料名称	规格	单位	数　量		计划单价	总　　价
				请领	实发		
低值易耗品	工作服		套	40	40	28.00	9 120.00
合　计							
材料用途							

批准人：肖光　　　　　　　领料人：陈胜利　　　　　　　发料人：王伟

附表48-1

产品销售通知单

购货单位:江西樟树市人民路商场		20××年 12月5日			NO.000114

产品名称及型号	单 位	数 量	单 价	总 价	备 注
福运牌果仁曲奇	袋	20 000	5.50	110 000.00	工行樟树市支行
福运牌夹心酥	袋	20 000	3.80	76 000.00	人民路分理处
福运牌苏打饼	袋	20 000	5.60	112 000.00	账号: 01652358
缘味牌奶黄饼	袋	20 000	5.80	116 000.00	
合　　计				414 000.00	

销售科(盖章)　　　　　　　　　　　　　　　　经办人:肖光

附表48-2

04300171124　　湖南增值税专用发票　NO.00191546702

国家税务总局
记账联
湖南省税务局

04300171124
10120226

开票日期: 20××年 12月12日

购货单位	名　　　称: 江西樟树市人民路商场				密码区	117/5217<0*8+2/86*2+6440**852859-
	纳税人识别号: 036854784523					2+3254/+712>2*185/3>6+65524--+218
	地址、　电话: 人民路 178 号 0759-564521355					+36++<*51**1574+>07+10887+*42/05
	开户行及账号: 工行樟树市支行人民路分理处 01652358					/*5225/++--7>410+24*<++>496+9/856/

货物或应税劳务、服务名称	规格型号	单位	数量	单价	金额	税率	税额
福运牌果仁曲奇		袋	20 000	5.50	110 000.00	16%	17 600.00
福运牌夹心酥		袋	20 000	3.80	76 000.00	16%	12 160.00
福运牌苏打饼		袋	20 000	5.60	112 000.00	16%	17 920.00
缘味牌奶黄饼		袋	20 000	5.80	116 000.00	16%	18 560.00
合计					414 000.00		66 240.00

价税合计(大写)	肆拾捌万零贰佰肆拾元整	(小写)¥480 240.00

销货单位	名　　　称: 湖南盛湘食品股份有限公司
	纳税人识别号: 0768598548
	地址、　电话: 开福区三一大道 268 号 0731-84262088
	开户行及账号: 工行长沙市支行四方坪分理处 091482543256

备注:
湖南盛湘食品股份有限公司
0768598548
发票专用章

收款人: 王伟　　　复核:　　　开票人: 张华　　　销售方:

第一联: 记账联　销货方记账凭证

附表48-3

<table>
<tr><td colspan="3">付款期限
壹个月</td><td rowspan="2" colspan="4">中国工商银行
银 行 汇 票(解讫通知) 3</td><td>汇票号码</td></tr>
<tr><td colspan="3">出票日期　贰零××年拾贰月拾贰日
(大写)</td><td>第 567 号</td></tr>
</table>

兑付地点：　　　　兑付行：　　　　行号：

收款人：湖南盛湘食品股份有限公司	账号或地址　091482543256 长沙市开福区三一大道268号

汇票金额　人民币
　　　(大写) 肆拾捌万零贰佰肆拾元整

实际结算金额　人民币

	千	百	十	万	千	百	十	元	角	分
(大写) 肆拾捌万零贰佰肆拾元整	¥	4	8	0	2	4	0	0	0	0

汇款人：江西樟树市人民路商场　　　账号或住址：01652358

签发行：工行樟树市支行人民路分理处　　行号：1256

开户行
收讫

多余金额	科目(借)_____
	对方科目(贷)_____
千百十万千百十元角分	兑付日期20××年12月12日
	复核　　　记账

汇款用途：购货
兑付行盖章
复核　经办

附表48-4

<table>
<tr><td colspan="3">付款期限
壹个月</td><td rowspan="2" colspan="4">中国工商银行
银 行 汇 票(解讫通知) 2</td><td>汇票号码</td></tr>
<tr><td colspan="3">出票日期　贰零××年拾贰月拾贰日
(大写)</td><td>第 567 号</td></tr>
</table>

兑付地点：　　　　兑付行：　　　　行号：

收款人：湖南盛湘食品股份有限公司	账号或地址　091482543256 长沙市开福区三一大道268号

汇票金额　人民币
　　　(大写) 肆拾捌万零贰佰肆拾元整

实际结算金额　人民币

	千	百	十	万	千	百	十	元	角	分
(大写) 肆拾捌万零贰佰肆拾元整	¥	4	8	0	2	4	0	0	0	0

汇款人：江西樟树市人民路商场　　　账号或住址：01652358

签发行：工行樟树市支行人民路分理处　　行号：1256

汇款用途：购货
兑付行盖章

开户行
收讫

多余金额	科目(借)_____
	对方科目(贷)_____
千百十万千百十元角分	兑付日期20××年12月12日
	复核　　　记账

复核　经办

附表 49-1

中国工商银行进账单(回单)

科目：　　　　　　　　　　　　20××年 12月12日　　　　　　对方科目：

出票人	全　称		收款人	全　称											
	账　号			账　号											
	开户银行			开户银行											
金额	人民币 (大写)			亿	千	百	十	万	千	百	十	元	角	分	
票据种类			收款人开户银行盖章												
票据张数															
单位主管　　会计　　复核　　记账															

此联是银行交收款人的收账通知

附表 49-2

收　据

入账日期20××年 12月12日　　　　　　　　　　NO.1020390

交款单位	收款方式　　现金
人民币(大写)	￥
收款事由	
	20××年　　月　日

盖章　　　　　财会主管：　　记账：　　出纳：　　审核：　　经办：

附表 50

043001614174　　湖 南 增 值 税 专 用 发 票　　NO.0132449820

国家税务总局
发票联
湖南省税务局

043001614174

01323658

开票日期：20××年 12月 12日

第三联：发票联　购买方记账凭证

购货单位	名　　　　称：湖南盛湘食品股份有限公司 纳税人识别号：0768598548 地址、　电话：开福区三一大道 268 号　0731-84262088 开户行及账号：工行长沙市支行四方坪分理处 091482543256	密码区	001+142**+257*+/8>5++5245-/6>12+ 1744+0*9>+6/6*1*2+>3112**8527*- **+68<200>4/*484+++7571<076+857 **++/253+++0*6212+23+7++5/6+*+

货物或应税劳务、服务名称	规格型号	单位	数量	单价	金额	税率	税额
果仁		公斤	5 000	9.00	40 909.09	10%	4 090.91
鲜蛋		公斤	10 000	4.60	41 818.18	10%	4 181.82
合计					82 727.27		8 272.73

价税合计(大写)	玖万壹仟元整	(小写)¥91 000.00

销货单位	名　　　　称：长沙市东塘农贸市场 纳税人识别号：022148596875 地址、　电话：长沙市城南路 85 号　0731-85881288 开户行及账号：工行长沙市东塘支行 02215236	备注	长沙市东塘农贸市场 022148596875 发票专用章

收款人：郑实中　　　　复核：　　　　　开票人：李小兵　　　　销售方：

附表 51-1

中国工商银行 转账支票存根 0914821010	中国工商银行 转账支票(湘)支票号 0914821010	
科　　目_____ 对方科目_____	出票日期(大写)　　年　月　日	付款行名称：
出票日期　年　月　日	收款人：	出票人账号：
收款人：	人民币 (大写)	亿千百十万千百十元角分
金额：	用途：_____	科　　目(借)_____
用途：	上列款项请从	对方科目(贷)_____
单位主管　　会计	我账户内支付	转账日期　　年　月　日
复核　　记账	出票人签章	复核　　　　记账

附表 51-2

043001756583　　湖南增值税专用发票　　NO.0154753951

国家税务总局
发票联
湖南省税务局

043001756583
014685210

开票日期: 20××年 12 月 15 日

购货单位	名　称: 湖南盛湘食品股份有限公司
	纳税人识别号: 0768598548
	地址、电话: 开福区三一大道 268 号 0731-84262088
	开户行及账号: 工行长沙市支行 091482543256

密码区

001+142**+257*+/8>5++5245-/6>12
+1744+0*9>+6/6*1*2+>3112**8527*
-**+68<200>4/*484+++7571<076+85
7**++/253+++0*6212+23+7++5/6+*+

货物或应税劳务、服务名称	规格型号	单位	数量	单价	金额	税率	税额
汽油		公升	12 000	7.00	84 000.00	16%	13 440.00
柴油		公升	7 500	6.40	48 000.00	16%	7 680.00
合计					82 727.27		21 120.00

价税合计(大写)	壹拾伍万叁仟壹佰贰拾元整	(小写)¥153 120.00

销货单位	名　称: 长沙市石油公司	备注
	纳税人识别号: 022652634587	
	地址、电话: 长沙市德雅路 245 号 0731-86423521	
	开户行及账号: 工行长沙市全通支行 02217464	

长沙市石油公司
022652634587
发票专用章

收款人: 张海中　　复核:　　开票人: 李明星　　销售方:

附表 52-1

中国工商银行	中国工商银行 转账支票(湘) 支票号 0914821011	
转账支票存根	出票日期(大写)　年　月　日	付款行名称:
0914821011	收款人:	出票人账号:
科　目_____		
对方科目_____	人民币 (大写)	亿 千 百 十 万 千 百 十 元 角 分
出票日期 年 月 日		
收款人	用途:_____	科　目(借)_____
金额:	上列款项请从	对方科目(贷)_____
用途:	我账户内支付	转账日期　年　月　日
单位主管　会计	出票人签章	
复核　记账		复核　记账

附表 52-2

043001952964　　湖南增值税专用发票　NO.017235612

04300195264

01464135

开票日期：20××年 12 月 15 日

购货单位	名　　　称：湖南盛湘食品股份有限公司					密码区	001+142**+257*+/8>5++5245-/6>12
	纳税人识别号：0768598548						+1744+0*9>+/6/6*1*2+>3112**8527*
	地址、　电话：开福区三一大道 268 号 0731-84262088						-**+68<200>4/*484+++7571<076+85
	开户行及账号：工行长沙市支行　091482543256						7**++/253+++0*6212+23+7++5/6+*+

货物或应税劳务、服务名称	规格型号	单位	数量	单价	金额	税率	税额
2#不锈钢发酵罐	2#	台	10	50 000.00	500 000.00	16%	80 000.00
运输费					1 000.00	10%	100.00
合计					501 000.00		80 100.00

价税合计(大写)	伍拾捌万壹仟壹佰元整	(小写)¥581 100.00

销货单位	名　　　称：长沙市食品设备公司	备注
	纳税人识别号：42033215362031	
	地址、　电话：长沙市劳动路 1254 号 0731-82624551	
	开户行及账号：工行长沙市支行劳动路分理处 173424278	

收款人：林昀　　　复核：　　　开票人：王小霞　　　销售方：

附表 52-3

湖南盛湘食品股份有限公司工程物资验收通知单

供应商：

填制日期 20××年　月　日　　　　　　　　　　　仓库编号　字　　号

工程物资证明	发票号	验收日期		存放地点	附件	
		20××年　月　日			份数　　份	

物资编号	物资名称	规格	型号	单位	数　量		实际价格	
					应　收	实　收	单价	总价
备注								

仓库主管：　　　　　　　　验收保管：　　　　　　　采购经办：

附表53

湖南盛湘食品股份有限公司材料验收通知单

供应商：长沙市包装材料厂、长沙市东塘农贸市场、长沙市石油公司

填制日期 20××年　月日　　　　　　　　　　　　　　　　仓库编号　　字　号

发票号		验收日期			存放地点		附件	
		20××年　月日			原材料库		份数　　　份	
材料编号	材料名称	规格	型号	单位	数　量		计划价格	
					应收	实收	计划单价	总　价
	包装箱			个	2 000	2 000	3.00	6 000.00
	包装袋			个	800 000	800 000	0.30	24 000.00
	果仁			公斤	5 000	5 000	8.50	42 500.00
	鲜蛋			公斤	10 000	10 000	4.30	43 000.00
	汽油			公升	12 000	12 000	6.70	80 400.00
	柴油			公升	7 500	7 500	6.30	47 250.00
	合计							243 150.00
备注								

供应科长：　　　　　　仓库主管：　　　　　　验收保管：　　　　　　采购经办：

附表54-1

湖南盛湘食品股份有限公司领料单(记账联)

　　　　　　　　　　　　　　　　　　　　　　　　　　　材料类别：各种材料

领用部门：配料车间　　　　20××年 12 月 15 日　　　　　领单号：18

材料类别	材料名称	规格	单　位	数　量		计划单价	总　价
				请领	实发		
原材料	普通面粉		公斤	10 000	10 000	1.96	58 800.00
	精面粉		公斤	30 000	30 000	1.60	16 000.00
	咸蛋		公斤	6 000	6 000	5.60	33 600.00
	食盐		公斤	1 000	1 000	1.50	1 500.00
合　计							109 900.00
材料用途	咸式产品						

批准人：杨柳华　　　　　　领料人：胡广云　　　　　　发料人：王伟

附表 54-2

湖南盛湘食品股份有限公司领料单(记账联)

材料类别：各种材料

领用部门：配料车间　　　　　　　20××年 12月 15日　　　　　领单号：19

材料类别	材料名称	规格	单位	数量		计划单价	总 价
				请领	实发		
原材料	大米		公斤	60 000	60 000	1.52	91 200.00
	精面粉		公斤	30 000	30 000	1.96	58 800.00
	普通面粉	标-米	公斤	20 000	20 000	1.60	32 000.00
	甜玉米		公斤	20 000	20 000	2.20	44 000.00
	白砂糖		公斤	5 000	5 000	3.20	16 000.00
	果仁		公斤	4 000	4 000	8.50	34 000.00
合 计							276 000.00
材料用途	甜式产品						

批准人：杨柳华　　　　　　领料人：胡广云　　　　　　　　发料人：王伟

附表 54-3

湖南盛湘食品股份有限公司领料单(记账联)

材料类别：各种材料

领用部门：制作车间　　　　　　　20××年 12月 15日　　　　　领单号：20

材料类别	材料名称	规格	单位	数量		计划单价	总 价
				请领	实发		
原材料	精油		公斤	2 000	2 000	8.00	16 000.00
	味精		袋	500	500	6.00	3 000.00
	1#香精		公斤	200	200	27.00	5 400.00
	2#香精		公斤	200	200	32.00	6 400.00
合 计							30 800.00
材料用途	甜式与咸式共同领用(各占比 50%)						

批准人：杨柳华　　　　　　领料人：胡广云　　　　　　　　发料人：王伟

附表 54-4

湖南盛湘食品股份有限公司领料单(记账联)

领用部门：包装车间　　　　　　　　20××年 12 月 15 日　　　　　材料类别：各种材料
　　　　　　　　　　　　　　　　　　　　　　　　　　　　　　　　领单号：21

材料类别	材料名称	规格	单位	数量		计划单价	总　价
				请领	实发		
包装物	包装袋		个	300 000	300 000	0.30	90 000.00
	包装箱		个	6 000	6 000	3.00	18 000.00
合　计							108 000.00
材料用途	甜式与咸式共同领用(各占比 50%)						

批准人：杨柳华　　　　　　　领料人：胡广云　　　　　　　　发料人：王伟

附表 55

科目汇总表

20××年 12 月 1 日至 12 月 15 日　　　　　　　凭证号　自第　　号至　　　号

会计科目	借方发生额	贷方发生额	过账

财会主管：　　　　　　记账：　　　　　　复核：　　　　　　制表：

会计科目	借方发生额	贷方发生额	过账

财会主管：　　　　　　记账：　　　　　　复核：　　　　　　制表：

附表 56

<table>
<tr>
<td colspan="2">
中国工商银行
现金支票存根
0914821012

科　　目＿＿＿＿＿
对方科目＿＿＿＿＿
出票日期　年　月　日
<table>
<tr><td>收款人：</td></tr>
<tr><td>金额：</td></tr>
<tr><td>用途：</td></tr>
</table>
单位主管　会计
复核　　　记账
</td>
<td>
中国工商银行转账支票(湘)支票号 0914821012

出票日期(大写)　年　月　日　　　付款行名称：
收款人：　　　　　　　　　　　　出票人账号：

人民币
(大写)　　　　　亿千百十万千百十元角分

用途：＿＿＿＿＿　　　　　　科　目(借)＿＿＿＿＿
上列款项请从　　　　　　　　对方科目(贷)＿＿＿＿＿
我账户内支付　　　　　　　　转账日期　年　月　日
出票人签章　　　　　　　　　复核　　　　记账
</td>
</tr>
</table>

附表 57-1

043001756583　　吉林增值税专用发票　　NO.0154753951

国家税务总局
发票联
湖南省税务局

043001756583
014685210

开票日期：20××年 12月16日

		密码区
购货单位	名　　称：湖南盛湘食品股份有限公司 纳税人识别号：0768598548 地址、电话：开福区三一大道 268 号 0731-84262088 开户行及账号：工行长沙市支行四方坪分理处 091482543256	041+102**+247*+/7>5++5245-/6>12 +1744+0*9>+6/6*1*2+>3882**867*- **+08<2410>4/*704+++7571<076+85 7**++/253+++0*2412+23+7++51/4*+

货物或应税劳务、服务名称	规格型号	单位	数量	单价	金额	税率	税额
黏玉米		公斤	200 000	1.20	240 000.00	10%	24 000.00
甜玉米		公斤	100 000	2.00	200 000.00	10%	20 000.00
合计					440 000.00		44 000.00

价税合计(大写)	肆拾捌万肆仟元整	(小写)¥484 000.00

销货单位	名　　称：吉林省长春市粮油批发公司 纳税人识别号：022425634587 地址、电话：长春市胜利路 42 号 0431-56824136 开户行及账号：工行长春市支行 03325684	备注

吉林省长春市粮油批发公司
022425634587
发票专用章

收款人：谭成　　　复核：　　　开票人：黄芳　　　销售方：

附表 57-2

中国工商银行

银 行 汇 票(多余款收账通知)2

付款期限 壹个月

汇票号码 第 4323 号

出票日期贰零××年拾贰月拾陆日

兑付地点：	兑付行：	行号：

(大写)

收款人：湖南盛湘食品股份有限公司　　账号或地址　091482543256　长沙市开福区三一大道 268 号

汇票金额　人民币
　　　　(大写)伍拾万元整　　　　　　￥500 000.00

实际结算金额　人民币		千	百	十	万	千	百	十	元	角	分
(大写)肆拾捌万肆仟元整			￥	4	8	4	0	0	0	0	0

汇款人：长春市粮油批发公司　　　　　　账号或住址：03325684

签发行：工行长春市支行胜利路分理处　　行号：5468

汇款用途：购货

兑付行盖章

开户行
收讫

多余金额	科目(借)_____
	对方科目(贷)_____

千	百	十	万	千	百	十	元	角	分
							￥		

兑付日期20××年 12 月 12 日

复核　　　记账

复核　　经办

此联代理付款行兑付后随报单寄出票行，由出票行作多余款贷方凭证

附表 58-1

委邮

委托收款凭证(付款通知)　5

开票期限20××年 12 月 10 日　　付款日期20××年 12 月 16 日　　委收号码：13545

付款人	全　　称	湖南盛湘食品股份有限公司		收款人	全　　称	吉林省长春市粮油批发公司	
	账　　号	091482543256			账　　号	03325684	
	开户银行	工行长沙市支行四方坪分理处	行号 4236		开户银行	工行长春市支行胜利路分理处	行号 5468

委收金额	人民币	千	百	十	万	千	百	十	元	角	分
	(大写)伍万捌仟玖佰贰拾元整				￥	5	8	9	2	0	0	0

款项内容	运杂费	委托收款凭证名称		附寄单证张数	

开户行
收讫

备注	付款人注意： 1. 应于见票当日通知银行划款。 2. 如需拒付，应在规定期限内，将拒付理由书并附债务证明退交开户银行。

工行长沙市支行四方坪分理处(章)

单位主管：周红正　　复核：　　记账：　　付款人开户银行盖章　　20××年 12 月 16 日

附表 58-2

043001756584　　吉林增植税专用发票　　NO.0154753952

043001756583

014685210

开票日期：20××年 12 月 16 日

购货单位	名　　　称：湖南盛湘食品股份有限公司 纳税人识别号：0768598548 地址、电话：开福区三一大道 268 号 0731-84262088 开户行及账号：工行长沙市支行四方坪分理处 091482543256	密码区	091+108**67*+/7>5++5245-/6>12+17 65788*9>+6/6*1*2+>36432**868*-** +08<2410>4/*704+++7571<073+357* *++/254+++0*2112+2=3+7++501/4*+

货物或应税劳务、服务名称	规格型号	单位	数量	单价	金额	税率	税额
运费		吨/公里	300	140	42 000.00	10%	4 200.00
吊装费			300	40	12 000.00	6%	720.00
合计					54 000.00		4 920.00

价税合计(大写)	伍万捌仟玖佰贰拾元整	(小写)¥58 920.00

销货单位	名　　　称：吉林省长春市粮油批发公司 纳税人识别号：022425634587 地址、电话：长春市胜利路 42 号 0431-56824136 开户行及账号：工行长春市支行 03325684	备注	汽车 吨/公里 300 吨 吉林省长春

收款人：谭成　　　复核：　　　开票人：黄芳　　　销售方：

附表 58-3

外购材料采购费用分配表

20××年 12 月 16 日

分配对象	运输费分配			吊装费分配			合　计
	分配标准 (重量)	分配单 位成本	分配 金额	分配标准 (重量)	分配单位 成本	分配 金额	
黏玉米							
甜玉米							
合计							

财务主管：　　　记账：　　　审核：　　　制单：

附表 59

湖南盛湘食品股份有限公司材料验收通知单

供应商：吉林长春粮贸中心

填制日期：20××年 12 月 16 日　　　　　　　　　　　　　仓库　　编　号　　号

发票号		验收日期		存放地点		附件	
		20××年 12 月 3 日		原材料库		份数　　份	
材料编号	材料名称	规格	型号	单位	数　　量		计划价格	
					应　收	实　收	计划单价	总　　价
	黏玉米			公斤	200 000	199 600	1.38	275 448.00
	甜玉米			公斤	100 000	99 800	2.20	219 560.00
合　　计								495 008.00
备注								

供应科长：　　　　仓库主管：　　　　　验收保管：　　　　采购经办：

附表 60-1

企业发行债券协议

确立协议单位：

湖南盛湘食品股份有限公司(甲方)

长沙市工商银行二支行(乙方)

甲方委托乙方发行面值为 5 000 000 元，期限为 2 年的企业债券，票面年利率为 5%，为明确经济责任，恪守协议，特签订本协议。

一、甲方要求乙方于 20××年 12 月 31 日前将该批债券按 5 048 000 元的价格发行，并于 20××年 12 月 31 日前将所筹款项划入本单位存款户。

二、甲方按债券面值的 4% 计算支付给乙方发行手续费及相关费用，可从发行款中扣除。乙方在发行过程中发生的有关费用，由乙方自行负担，甲方不再承担。

三、此债券由乙方担保，乙方要求甲方在债券到期前将债券本息筹足交乙方，由乙方负责向投资人归还。否则，乙方有权将甲方的不动产(土地)变现来偿还债务。

四、此债券发行所得款项用于生产经营。

……

甲方：专用章　　　　　　　　　　　　　　　　乙方：专用章

20××年 12 月 16 日

附表60-2

中国工商银行进账单(收账通知)

填报日期：20××年 12月 16日

<table>
<tr><td rowspan="3">收款人</td><td>全　称</td><td colspan="5">湖南盛湘食品股份有限公司</td><td rowspan="3">付款人</td><td>全　称</td><td colspan="11">长沙工商银行二支行</td></tr>
<tr><td>账　号</td><td colspan="5">091482543256</td><td>账　号</td><td colspan="11">2382543256145</td></tr>
<tr><td>开户银行</td><td colspan="5">工行长沙市支行
四方坪分理处</td><td>开户银行</td><td colspan="11">长沙工商银行芙蓉路分理处</td></tr>
<tr><td rowspan="2">人民币
(大写)</td><td colspan="5" rowspan="2">肆佰捌拾肆万捌仟元整</td><td colspan="2"></td><td>千</td><td>百</td><td>十</td><td>万</td><td>千</td><td>百</td><td>十</td><td>元</td><td>角</td><td>分</td></tr>
<tr><td colspan="2"></td><td>¥</td><td>4</td><td>8</td><td>4</td><td>8</td><td>0</td><td>0</td><td>0</td><td>0</td><td>0</td></tr>
<tr><td colspan="2">付款单位名称或账号</td><td>种类</td><td colspan="2">票据号码</td><td>千</td><td>百</td><td>十</td><td>万</td><td>千</td><td>百</td><td>十</td><td>元</td><td>角</td><td>分</td></tr>
<tr><td colspan="2"></td><td></td><td colspan="2"></td><td>¥</td><td>4</td><td>8</td><td>4</td><td>8</td><td>0</td><td>0</td><td>0</td><td>0</td><td>0</td></tr>
</table>

单位主管：　　　　会计：　　　　　　　复核：　　　　　　　记账：

附表61-1

产品销售通知单

购货单位：衡阳市白果商场　　　　20××年 12月 16日　　　　NO.00017

产品名称及型号	单　位	数　量	单　价	总　价	备　注
福运牌果仁曲奇	袋	20 000	5.5	110 000	工行衡阳市支行
绿味牌煎饼	袋	40 000	4.3	172 000	白果路分理处
福运牌夹心酥	袋	20 000	3.8	76 000	02221546
合　计				358 000	

计划经营科长：　　　　　　　　　　　经办人：肖光

附表61-2

产品出库单

20××年 12月 16日　　　　NO.000005

购货单位	产品名称及型号	单　位	数　量	备　注
衡阳市白果商场	福运牌果仁曲奇	袋	20 000	
	绿味牌煎饼	袋	40 000	
	福运牌夹心酥	袋	20 000	
合　计			100 000	

仓库管理人员：　　　　　　　　　　　　复核人：

附表 61-3

04300171125

湖 南 增 值 税 专 用 发 票   NO.00191546703

04300171125

10120227

开票日期：20××年 12 月 16 日

购货单位	名　　　称：衡阳市百果商场					密码区	157/52161<0*5+2386*2+650**844859- /+32**4/572>2*1225/3*6+11524--+218 +36++<*51**1542+>07+1353+*45/05/ *510/++--7>4240+24<++>496+9/852/		
	纳税人识别号：028546325812								
	地址、　电话：白果路 97 号 0734-547254628								
	开户行及账号：工行衡阳市支行 02221546								

货物或应税劳务、服务名称	规格型号	单位	数量	单价	金额	税率	税额
福运牌果仁曲奇		袋	20 000	5.50	110 000.00	16%	17 600.00
缘味牌煎饼		袋	40 000	4.30	172 000.00	16%	27 520.00
福运牌夹心酥		袋	20 000	3.80	76 000.00	16%	12 160.00
合计					358 000.00		57 280.00

价税合计(大写)	肆拾壹万伍仟贰佰捌拾元整	(小写)¥415 280.00

销货单位	名　　　称：湖南盛湘食品股份有限公司	备注	湖南盛湘食品股份有限公司 0768598548 发票专用章
	纳税人识别号：0768598548		
	地址、　电话：开福区三一大道 268 号 0731-84262088		
	开户行及账号：工行长沙市支行四方坪分理处 091482543256		

收款人：王伟　　　　复核：　　　　　开票人：张华　　　　销售方

第一联：记账联 销货方记账凭证

附表 61-4

委邮

托收承付凭证(回单) 5

托收日期 20××年 12 月 16 日　　　　委收号码：13545

付款人	全　称			收款人	全　称											
	账　号				账　号										
	开户银行		行号		开户银行			行号							
委收金额	人民币 (大写)				千	百	十	万	千	百	十	元	角	分
款项内容		委托收款凭证名称		附寄单证张数										
备注	付款人注意； 1. 应于见票当日通知银行划款。 2. 如需拒付，应在规定期限内，将拒付理由书并附债务证明退交开户银行。 工行衡阳市支行白果路分理处(章)													

单位主管：　　复核：　　记账：　　　付款人开户银行盖章　20××年　　月　日

附表 62

湖南盛湘食品股份有限公司工程物资领料单

物资类别：

领用部门：　　　　　　　　　　20××年　月　日　　　　　　领单号：

| 材料名称 | 规　格 | 单　位 | 数　量 | | 单价(不含税价) | 总　价 |
			请领	实发		
材料用途				材料编号		
备　注						

发料员：　　　　　　　　审核人：　　　　　　　　领用人：

附表 63

固定资产报废清理报告单

使用单位：配料车间　　　　　　20××年 12 月 17 日　　　　　　清字第 78 号

固定资产名称	规格型号	单位	数量	预计使用年限	已使用年限	原值	已提折旧	预计净残值
发酵罐	1#	台	10	10	10	420 000	410 000	待定
技术鉴定意见	主要元件已烧毁，已到使用年限，需报废。　　　　　　　　　　　鉴定员　李长义							
审核处理意见	经组织检查，经厂董事会讨论，同意报废处理。							
公司领导批复：	同意　　　王忠海　　　20××年 12 月 17 日							

附表 64

收 款 收 据

20××年 12 月 17 日　　　　　　　　第　号

今收到：											
人民币(大写)		万	千	百	十	元	角	分			
备注：											
收款单位		财务负责人			收款人						

附表 65

产 品 交 库 单

生产部门：包装车间 20××年 12月17日 第3号

工号	产品名称	规格	计量单位	检验结果		交付数量	实收数量	单位成本	总成本
				合格	不合格				
	福运牌夹心酥					40 000	40 000		
	缘味牌奶黄饼					20 000	20 000		
	缘味牌葱油香脆饼					30 000	30 000		
	福运牌果仁曲奇					60 000	60 000		
	福运牌苏打饼					40 000	40 000		
	缘味牌煎饼					30 000	30 000		
	福运牌早餐饼					80 000	80 000		
	合计								
备注				检验人：高成			入库人：刘华		

会计：　　　　　　复核：　　　　　　记账：　　　　　　制单：

附表 66

中国工商银行长沙市支行借款凭证(代收账通知)

20××年 12月17日 传票编号：0045

转账日期 20××年 12月17日 对方科目：

借款单位名称	湖南盛湘食品股份有限公司	放款账号	9148-10	往来账号	00446688										
借款金额	人民币(大写)贰佰万元整				千	百	十	万	千	百	十	元	角	分
					¥ 2	0	0	0	0	0	0	0	0	0
用途	生产周转	单位提出期限：半年				利率		年6%							
		银行核定期限：半年													
上列款项已收入你单位往来账户内 此致 单位				开户行 单位会计分戳记											
分次偿还记录	日期	偿还金额		未还金额		复核	日期			金额					
	月 日	千 百 十 元 角 分		千 百 十 元 角 分											

附表 67-1

物资管理部门通知

财务科：

江西樟树市人民路商场所借的金属货柜已完好收回，请退还其押金5 000元。

刘玉林

20××年 12月17日

附表67-2

中国工商银行 现金支票存根 0914821013	中国工商银行 转账支票(湘)支票号 0914821013

中国工商银行
现金支票存根
0914821013
科　　目_____
对方科目_____
出票日期　年　月　日
收款人：
金额：
用途：
单位主管　会计
复核　　记账

中国工商银行 转账支票(湘)支票号 0914821013
出票日期(大写)　年　月　日　　付款行名称：
收款人：　　　　　　　　　　　出票人账号：
人民币(大写)　　　　　　　　亿 千 百 十 万 千 百 十 元 角 分
用途：_____
上列款项请从　　　　　　　　　科　目(借)_____
我账户内支付　　　　　　　　　对方科目(贷)_____
出票人签章　　　　　　　　　　转账日期　年　月　日
复核　　记账

附表68-1

湖南盛湘食品股份有限公司汽车队用车情况结算通知单

20××年 12月 18日　　　　　　　　　　NO.12307

使用单位名称	使用车的类型	计量单位	使用数量	计费单价	计费金额
长沙市三角坪商场	轻型货车	元/台班	10	400	4 000
装卸费	重型货车	元/台班	1	800	800
合计					4 800
备注	开户行：工行长沙市支行三角坪分理处，账号：02218998				

车队队长：张蓝天　　　　　　　　　　　　　　经办人：王光荣

附表 68-2

0430019001211　　湖南增值税专用发票　NO.00191546719

0430019001211

125472463

开票日期：20××年 12月18日

<table>
<tr><td rowspan="5">购货单位</td><td>名　　称：长沙市三角坪商场</td><td rowspan="5">密码区</td><td rowspan="5">008*+76+<0*62+2/4*1*2+008**8432
9-2+433*+*10/3>6+97--+6+25+3112+
+<*94**5234+>3/0+4090*41/55/*468/
++--7>41/++>4376**10-++5/99-886+</td></tr>
<tr><td>纳税人识别号：430154200012525</td></tr>
<tr><td>地址、 电话：湘雅路 77 号 0731-85645547</td></tr>
<tr><td>开户行及账号：工行长沙市支行三角坪分理处 02218998</td></tr>
</table>

<table>
<tr><td>货物或应税劳务、服务名称</td><td>规格型号</td><td>单位</td><td>数量</td><td>单价</td><td>金额</td><td>税率</td><td>税额</td></tr>
<tr><td>运费</td><td></td><td>元/台班</td><td>10</td><td>400.00</td><td>3 636.36</td><td>10%</td><td>363.64</td></tr>
<tr><td>装卸费</td><td></td><td>元/台班</td><td>1</td><td>800.00</td><td>754.72</td><td>6%</td><td>45.28</td></tr>
<tr><td>合计</td><td></td><td></td><td></td><td></td><td>4 391.08</td><td></td><td>408.92</td></tr>
</table>

<table>
<tr><td>价税合计(大写)</td><td>肆仟捌佰元整</td><td>(小写)¥4 800.00</td></tr>
</table>

<table>
<tr><td rowspan="4">销货单位</td><td>名　　称：湖南盛湘食品股份有限公司</td><td rowspan="4">备注</td><td rowspan="4">食品 轻型货车运输 10 台班
400 元/台班 装卸 重型货车 1 台班
800 元/台班 0768598548
发票专用章</td></tr>
<tr><td>纳税人识别号：0768598548</td></tr>
<tr><td>地址、 电话：开福区三一大道 268 号 0731-84262088</td></tr>
<tr><td>开户行及账号：工行长沙市支行四方坪分理处 091482543255</td></tr>
</table>

收款人：王伟　　　　复核：　　　　　　开票人：张华　　　　　销售方：

附表 68-3

委邮

委托收款凭证(回单)　5

委托日期　20××年　月　日　　　　　　委收号码：359237

<table>
<tr><td rowspan="3">付款人</td><td>全　称</td><td></td><td rowspan="3">收款人</td><td>全　称</td><td colspan="2"></td></tr>
<tr><td>账　号</td><td></td><td>账　号</td><td colspan="2"></td></tr>
<tr><td>开户银行</td><td></td><td colspan="2">行号</td><td>开户银行</td><td colspan="2">行号</td></tr>
</table>

<table>
<tr><td rowspan="2">委收金额</td><td>人民币
(大写)</td><td></td><td>千</td><td>百</td><td>十</td><td>万</td><td>千</td><td>百</td><td>十</td><td>元</td><td>角</td><td>分</td></tr>
</table>

<table>
<tr><td>款项内容</td><td></td><td>委托收款凭证名称</td><td></td><td>附寄单证张数</td><td></td></tr>
</table>

<table>
<tr><td rowspan="3">备注</td><td>付款人注意：
1. 应于见票当日通知银行划款。
2. 如需拒付，应在规定期限内，将拒付理由书并附债务证明退交开户银行。</td></tr>
<tr><td>工行长沙市支行三角坪分理处(章)</td></tr>
</table>

单位主管：　　　复核：　　　记账：　　　付款人开户银行盖章　　　20××年　月　日

附表 69-1

公司通知

财务处:

　　根据公司董事会的决定,请以电汇方式汇款湘西花垣县古苗河希望小学捐赠款叁拾万元(300 000元)整。开户行为邮政储蓄银行古苗河分理处,账号 98764321。

公司办公室

20××年 12月17日

附表 69-2

中国工商银行电汇凭证(回单)　　　　第 459 号

20××年　月　日

汇款单位编号

汇款人	全　称			收款人	全　称		
	账　号				账　号		
	开户银行		行号		开户银行		行号

汇款金额	人民币(大写)				千	百	十	万	千	百	十	元	角	分

汇款用途:　　　　　　　　　　　　　　留行待取收款人印鉴

上列款项已进账,如有错误,请持此联来行面洽。	上列款项验收无误	科　目＿＿＿＿＿＿＿
		对方科目＿＿＿＿＿＿＿
		汇入行解汇日期:20××年 12月17日
(汇入行盖章)	(收款人盖章)	复核员　　　经办员
20××年 12月19日	20××年 12月19日	记账

附表 69-3

湘西自治州花垣县统一收据

(不准代替发票使用)　　　　　　　　　收据三联

20××年 12月19日　　　　　　　　NO.03456801

今收到　　湖南盛湘食品股份有限公司捐资助学款

(人民币)(大写)叁拾万元整　　　　　　　　小写　¥300 000.00

单位盖章　　　　　　　　会计:龙学文　　　　出纳:胡程

附表 70-1

交国有土地使用权出让金登记表

(交款通知单)

20××年 12 月 19 日至 20××年 9 月 19 日

财政机关
收费专章

缴款单位	湖南盛湘食品股份有限公司			土地出让金财政专户			
地址	长沙市开福区	5678923	开户行	农行	账号	098643218	
项　目	公司厂房扩建用地			签约时间	12 月 10 日		
土地出让合同号	2478901			出让期限	12 月 19 日		
土地坐落点	长沙市开福区新港镇			容积率			
面积(平方米)	3 000			用地性质			
单价(元/平方米)	¥1 666.67			付款方式			
土地出让金总价款=	小写：¥5 000 000.00						
	大写：伍佰万元整						

土地部门填写				财政部门填写		
付款日期	单位项目	美元(元)	人民币(元)	收款日期		经办人签章
	定金					
	保证金		¥1 000 000.00	20××年 12 月 19 日		
	第一期付款					
	第二期付款					
	第三期付款					
	滞纳金					
	总额					
土地部门(签章)　　经办人：				财政收讫章　负责人：刘中		

填发日期：20××年 12 月 19 日

专用章

附表 70-2

湖南省国有土地使用权有偿使用收入专用收款收据

20××年 12 月 19 日　　　湘财税字 NO 009875432

单位：湖南盛湘食品股份有限公司												地址：长沙市开福区三一大道 268 号	
账号：091482543256													

收款项目	计征基数	征收标准	征收金额									备注
			千	百	十	万	千	百	十	元	角	分	
土地出让金			¥	1	0	0	0	0	0	0	0	0	
小计			¥	1	0	0	0	0	0	0	0	0	
合计金额人民币(大写)壹佰万元整													

征收机关(代征单位)　　　　　　　　　　　　　开票人：曹江

收费专章

附表 70-3

中国工商银行 转账支票存根 0914821014 科　目_____ 对方科目_____ 出票日期　年　月　日	中国工商银行 转账支票(湘)支票号 0914821014
收款人： 金额： 用途：	出票日期(大写)　年　月　日　　付款行名称： 收款人：　　　　　　　　　出票人账号：

中国工商银行 转账支票存根 0914821014	

科　目_____
对方科目_____
出票日期　年　月　日

收款人：
金额：
用途：

单位主管　会计
复核　　记账

出票日期(大写)　年　月　日　　付款行名称：

收款人：　　　　　　　　　出票人账号：

人民币
(大写)

亿	千	百	十	万	千	百	十	元	角	分

用途：_____

上列款项请从
我账户内支付
出票人签章

科　目(借)_____
对方科目(贷)_____

转账日期　年　月　日
复核　　　　记账

附表 71-1

湖南盛湘食品股份有限公司领料单

材料类别：

领用部门：配料车间　　　　　20××年 12月22日　　　　领单号：

材料类别	材料名称	规　格	单　位	数　　量		计划单价	总　　价
				请领	实发		
原材料	大米	标-米	公斤	20 000	20 000	1.96	39 200.00
	精面粉	标-米	公斤	20 000	20 000	1.60	16 000.00
	普通面粉	标-米	公斤	10 000	10 000	5.60	11 200.00
	鲜蛋	标-米	公斤	5 000	5 000	1.50	1 500.00
	食盐	标-米	公斤	1 000	1 000	1.52	30 400.00
	咸蛋	标-米	公斤	2 000	2 000	4.30	21 500.00
合　计							119 800.00
材料用途	咸式产品						

批准人：杨柳华　　　　　领料人：胡广云　　　　　发料人：王伟

附表 71-2

湖南盛湘食品股份有限公司领料单

材料类别：各种材料

领用部门：配料车间　　　　　　　　20××年 12 月 22 日　　　　　　　领单号：23

材料类别	材料名称	规格	单位	数量		计划单价	总　价
				请领	实发		
原材料	精面粉		公斤	30 000	30 000	1.96	58 800.00
	甜玉米		公斤	20 000	20 000	1.60	32 000.00
	普通面粉		公斤	20 000	20 000	2.20	44 000.00
	白糖		公斤	3 000	3 000	3.20	9 600.00
	果仁		公斤	2 000	2 000	8.50	17 000.00
合　计							161 400.00
材料用途	甜式产品						

批准人：杨柳华　　　　　　　领料人：胡广云　　　　　　　发料人：王伟

附表 71-3

湖南盛湘食品股份有限公司领料单(记账联)

材料类别：各种材料

领用部门：配料车间　　　　　　　　20××年 12 月 22 日　　　　　　　领单号：24

材料类别	材料名称	规格	单位	数量		计划单价	总　价
				请领	实发		
修理用材料	润滑油		公升	1 500	1 500	4.60	6 900.00
合　计							6 900.00
材料用途	修理						

批准人：杨柳华　　　　　　　领料人：胡广云　　　　　　　发料人：王伟

附表 71-4

湖南盛湘食品股份有限公司领料单(记账联)

材料类别：各种材料

领用部门：制作车间　　　　　　　　20××年 12 月 22 日　　　　　　　领单号：25

材料类别	材料名称	规格	单位	数量		计划单价	总　价
				请领	实发		
修理用材料	润滑油		公升	1 000	1 000	4.60	4 600.00
合　计							4 600.00
材料用途	修理						

批准人：杨柳华　　　　　　　领料人：胡广云　　　　　　　发料人：王伟

附表 71-5

湖南盛湘食品股份有限公司领料单(记账联)

材料类别：各种材料

领用部门：汽车队　　　　　　　20××年 12月22日　　　　　　领单号：26

材料类别	材料名称	规格	单位	数量		计划单价	总价
				请领	实发		
燃料	汽油		公升	4 000	4 000	2.90	11 600.00
	柴油		公升	2 000	2 000	2.60	5 200.00
合　计							16 800.00
材料用途							

批准人：杨柳华　　　　　领料人：胡广云　　　　　发料人：王伟

附表 72

中国工商银行存款利息通知单

传票编号 11

账号：091482543256　　　　　　20××年 12月22日　　　　　　对方科目：

户　名	计息期	积　数										日利率	利息金额									
		千	百	十	万	千	百	十	元	角	分		千	百	十	万	千	百	十	元	角	分
湖南盛湘食品股份有限公司												开户行收讫				¥	2	3	2	0	0	0
金额(大写)贰仟叁佰贰拾元整																						
		上列存款利息已如数入你单位往来账																				
		工商银行长沙市支行四方坪分理处(银行盖章)																				

附表 73

中国工商银行贷款利息通知单

传票编号 14

账号：091482543256　　　　　　20××年 12月22日　　　　　　对方科目：

户　名	计息期	积　数										日利率	利息金额									
		千	百	十	万	千	百	十	元	角	分		千	百	十	万	千	百	十	元	角	分
湖南盛湘食品股份有限公司												开户行收讫			¥	1	4	2	0	0	0	0
金额(大写)壹拾肆万贰仟元整																						
		上列贷款利息已从你单位往来账如数支付																				
		工商银行长沙市支行四方坪分理处(银行盖章)																				

附表74

中国工商银行贷款利息通知单

传票编号1

账号：091482543256　　　　　　20××年 12月22日　　　　　　对方科目：

户名	计息期	积　　　数										日利率	利息金额									
		千	百	十	万	千	百	十	元	角	分		千	百	十	万	千	百	十	元	角	分
湖南盛湘食品股份有限公司	10月1日至12月31日											开户行收讫		¥	2	3	7	6	0	0	0	0

金额(大写)贰拾叁万柒仟陆佰元整

上列贷款利息已从你单位往来账如数支付

工商银行长沙市支行四方坪分理处(银行盖章)

附表75-1

产品销售通知单

购货单位：长沙市星沙商场　　　　　20××年 12月23日　　　　　NO.00116

产品名称及型号	单位	数　量	单价	总　价	备　注
福运牌夹心酥	袋	40 000	3.80	152 000.00	
福运牌早餐饼	袋	80 000	3.30	264 000.00	
缘味牌奶黄饼	袋	40 000	5.80	232 000.00	
福运牌苏打饼	袋	40 000	5.60	224 000.00	工商银行长沙市支行
缘味牌葱油香脆饼	袋	80 000	4.20	336 000.00	星沙分理处
福运牌果仁曲奇	袋	20 000	5.50	110 000.00	账号：02214574
缘味牌煎饼	袋	40 000	4.30	172 000.00	
合　计				1 490 000.00	

附表75-2

产 品 出 库 单

购货单位：长沙市星沙商场　　　　　20××年 12月23日　　　　　NO.00006

购货单位	产品名称及型号	单位	数　量	备　注
	福运牌夹心酥	袋	40 000	
	福运牌早餐饼	袋	80 000	
	缘味牌奶黄饼	袋	40 000	
长沙市星沙商城	福运牌苏打饼	袋	40 000	
	缘味牌葱油香脆饼	袋	80 000	
	福运牌果仁曲奇	袋	20 000	
	缘味牌煎饼	袋	40 000	
合　计			340 000	

附表 75-3

043001853625　　湖　南　增　值　税　专　用　发　票　NO.00191546703

043001853625

10120228

开票日期：20××年 12 月 23 日

购货单位	名　　　称：长沙星沙商城 纳税人识别号：032514265845 地址、　电话：盼盼路 45 号 0731-84856752 开户行及账号：工行长沙市支行星沙分理处 02214574		密码区	157/5241<6++2116*2+600**8471-/+32 **4*632>2*123/3*6+11524--+218+36+ +<*51**1542+>07+1963+*00/05/*540/ ++--7>4170+20*<++>476+9/8//22*+2/		
货物或应税劳务、服务名称	规格型号	单位	数量	单价	金额	税率	税额

货物或应税劳务、服务名称	规格型号	单位	数量	单价	金额	税率	税额
福运牌夹心酥		袋	40 000	3.80	152 000.00	16%	24 320.00
福运牌早餐饼		袋	80 000	3.30	264 000.00	16%	42 240.00
缘味牌奶黄饼		袋	40 000	5.80	232 000.00	16%	37 120.00
福运牌苏打饼		袋	40 000	5.60	224 000.00	16%	35 840.00
缘味牌葱油香脆饼		袋	80 000	4.20	336 000.00	16%	53 760.00
福运牌果仁曲奇		袋	20 000	5.50	110 000.00	16%	17 600.00
缘味牌煎饼		袋	40 000	4.30	172 000.00	16%	27 520.00
合计					1 490 000.00		238 400.00

价税合计(大写)	壹佰柒拾贰万捌仟肆佰元整	(小写)¥1 728 400.00

销货单位	名　　　称：湖南盛湘食品股份有限公司 纳税人识别号：0768598548 地址、　电话：开福区三一大道 268 号 0731-84262088 开户行及账号：工行长沙市支行四方坪分理处 091482543256	备注	湖南盛湘食品股份有限公司 0768598548 发票专用章

第三联：记账联　销货方记账凭证

收款人：王伟　　　　复核：　　　　开票人：张华　　　　销售方：

附表 75-4

商业承兑汇票(收账联)

签发日期 20××年 12 月 23 日　　　　第 0589 号

收款人	全称	湖南盛湘食品股份有限公司				付款人	全称	长沙星沙商场											
	账号	091482543256					账号	02214574											
	开户银行	工行长沙市支行四方坪分理处	行号	4236			开户银行	工行长沙市支行星沙分理处		行号	1973								

汇票金额	人民币 (大写) 壹佰柒拾贰万捌仟柒佰元整	亿	千	百	十	万	千	百	十	元	角	分
			¥	1	7	2	8	4	0	0	0	0

汇票到期日	20××年 3 月 23 日		
本汇票已经本单位承兑，到期无条件支付票款。		承兑协议编号 2344	交易合同号码 7689
经办　　　年　月　日　专用章		本汇票不带息 汇票签发人盖章 负责　　经办	专用章

附表 76-1

土地转让合同书

湖南盛湘食品股份有限公司(甲方)：　　　　　　长沙市开福区新港镇(乙方)：

甲方购买乙方 3 000m² 土地，其使用权为 50 年，总价款为 500 万元。为明确经济责任，恪守合同，签订本合同。

1. 乙方要求甲方在合同签订日支付 500 万元整。
2. 甲方在付款后拥有土地使用权。

甲方：

合同专用章

乙方：
合同专用章

20××年 12 月 23 日

附表 76-2

中国工商银行 转账支票存根 0914821015	中国工商银行 转账支票(湘)支票号 0914821014

科　目_____
对方科目_____
出票日期　年　月　日

| 收款人： |
| 金额： |
| 用途： |

单位主管　会计
复核　记账

出票日期(大写)　年　月　日　　付款行名称：
收款人：　　　　　　　　出票人账号：

人民币
(大写)

亿	千	百	十	万	千	百	十	元	角	分

用途：　　　　　　　　　科　目(借)_____
上列款项请从　　　　　　对方科目(贷)_____
我账户内支付　　　　　　转账日期　年　月　日
出票人签章　　　　　　　复核　　记账

附表 76-3

湖南省国有土地使用权有偿使用收入专用收款收据

20××年 12 月 23 日　　　　湘财税字 NO 009875438

单位：湖南盛湘食品股份有限公司	地址：长沙市开福区三一大道 268 号

账号：091482543256

收款项目	计征基数	征收标准	千	百	十	万	千	百	十	元	角	分	备注
土地转让费				4	0	0	0	0	0	0	0	0	500 万元余款后两年平均支付
小计				4	0	0	0	0	0	0	0	0	

合计金额人民币(大写)肆佰万元整

征收机关(代征单位)　　　　　　　　　开票人：曹江

附表76-4

中华人民共和国契税完税证

签发日期 20××年 12月23日   湘农税电字

征收机关	长沙市财政局	纳税人名称	湖南盛湘食品股份有限公司	地址	长沙市开福区三一大道268号
地理位置	长沙市开福区新港镇	税款所属时期	20××年 12月	契约成立日期	12月19日
征收项目	房地产权属转移面积(m²)	计税金额	税率	实纳税额(元)	
契税	3 000	3 260 000		200 000 元	
逾期 天，每日按滞纳税款加收 ‰ 的滞纳金					
合计金额人民币(大写)贰拾万元整					
征收机关(盖章)	委托代征代扣单位(盖章)			备注：	
经办人(章)	经办人(章)				

附表77-1

材料让售通知单

购料单位：长沙市东兴食品厂   20××年 12月24日

材料编号	材料名称	规格	单位	数量	单价	金额	备注
	黏玉米		公斤	50 000	1.5	75 000.00	工行长沙市支行五家岭分理处账号 02215364
合计金额人民币(大写)柒万伍仟元整(不含税)							

供应单位主管：唐大世   制单：陈限水

附表77-2

材料出库单

20××年 12月24日   NO.0001237

购货单位	产品名称及型号	单位	数量	备注
东兴食品厂	黏玉米	公斤	50 000	
合 计				

附表 77-3

043001853626

湖 南 增 值 税 专 用 发 票　NO.00191546704

国家税务总局
记账联
湖南省税务局

043001853626

10120229

开票日期：20××年 12月23日

购货单位	名　　称：东兴食品厂　纳税人识别号：026947516548　地址、电话：芙蓉北路 321 号 0731-84121488　开户行及账号：工行长沙市支行伍家岭分理处 02215364				密码区	127/501<9++213*2+6250**8474-/+22**4*66>2*100343*6+18874--+208+36++<*51**1502+>0+183+*/01/05/*33//++--7>44140+2*<++>406+9/3//12*+/9*92/		
货物或应税劳务、服务名称	规格型号	单位	数量	单价	金额	税率	税额
黏玉米 合计		公斤	50 000	1.50	75 000.00 75 000.00	10%	7 500.00 7 500.00
价税合计(大写)	捌万贰仟伍佰元整			(小写)¥82 500.00				
销货单位	名　　称：湖南盛湘食品股份有限公司　纳税人识别号：0768598548　地址、电话：开福区三一大道 268 号 0731-84262088　开户行及账号：工行长沙市支行四方坪分理处 091482543256				备注	湖南盛湘食品股份有限公司 0768598548 发票专用章		

收款人：王伟　　　复核：　　　开票人：张华　　　销售方：

第一联：记账联　销货方记账凭证

附表 77-4

中国工商银行进账单(收账通知)

填报日期20××年 12月24日

收款人	全　称	湖南盛湘食品股份有限公司	付款人	全　称	长沙东兴食品厂
	账　号	091482543256		账　号	02215364
	开户银行	工行长沙市支行四方坪分理处		开户银行	工行长沙市支行伍家岭分理处

人民币(大写)	捌万贰仟伍佰元整	开户行收讫	千	百	十	万	千	百	十	元	角	分
					¥	8	2	5	0	0	0	0
票据种类	转支											
票据张数	1		收款人开户行盖章 20××年 12月24日									
单位主管　会计　复核　记账												

此联是银行交收款人的收账通知单

195

附表78

中国工商银行长沙支行付款通知

20××年 12 月 24 日

账号: 091482543256			金额: 2 680.00	开户行 收讫	
结算内容	数 量	金 额	结算内容	数 量	金 额
手续费	500	1 800.00	凭证费	300	880.00
金额(大写): 贰仟陆佰捌拾元整					

中国工商银行长沙市支行四方坪分理处(章)

附表 79-1

工资结算汇总表(20**年12月)

部门		标准工资	岗位工资	浮动工资	基本工资	奖金	加班工资	应付工资	代扣款项						实发工资
									住房公积金	失业保险金	医疗保险金	养老保险金	个人所得税	代扣合计	
企业行政管理人员		34383.00	22680.00	2730.00	59793.00	4800.00	4800.00	69393.00	5979.30	597.93	1195.86	4783.44	211.09	12767.62	56625.38
配料车间	管理人员	7852.00	5280.00	520.00	13652.00	1150.00	800.00	15602.00	1365.20	136.52	273.04	1092.16	208.05	3074.97	12527.03
	生产工人	26306.00	15680.00	1680.00	43666.00	3950.00	2000.00	49616.00	4366.60	436.66	873.32	3493.28	1003.38	10173.24	39442.76
	小计	34158.00	20960.00	2200.00	57318.00	5100.00	2800.00	65218.00	5731.80	573.18	1146.36	4585.44	1361.44	13398.22	51819.78
制作车间	管理人员	9852.00	7280.00	520.00	17652.00	1150.00	800.00	19602.00	1765.20	176.52	353.04	1412.16	302.85	4009.77	15592.23
	生产工人	37433.00	32400.00	2440.00	72273.00	5350.00	3600.00	81223.00	7227.30	722.73	1445.46	5781.84	1486.37	16663.70	64559.30
	小计	57285.00	39680.00	2960.00	99925.00	6500.00	4400.00	110825.00	9992.50	999.25	1998.50	7994.00	1939.22	22923.47	87901.53
包装车间	管理人员	7852.00	4520.00	520.00	12892.00	1200.00	800.00	14892.00	1289.20	128.92	257.84	1031.36	191.54	2898.86	11993.14
	生产工人	26201.00	15680.00	1680.00	43561.00	3700.00	3400.00	50661.00	4356.10	435.61	871.22	3484.88	993.40	10141.21	40519.79
	小计	34053.00	20200.00	2200.00	56453.00	4900.00	4200.00	65553.00	5645.30	564.53	1129.06	4516.24	1334.94	13190.07	52362.93
汽车队	管理人员	7852.00	4760.00	520.00	13132.00	1200.00	0.00	14332.00	1313.20	131.32	262.64	1050.56	197.23	2954.95	11377.05
	生产工人	15305.00	8960.00	1000.00	25265.00	2100.00	2000.00	29365.00	2526.50	252.65	505.30	2021.20	511.78	5817.43	23547.57
	小计	23157.00	13720.00	1520.00	38397.00	3300.00	2000.00	43697.00	3839.70	383.97	767.94	3071.76	859.01	8922.38	34774.62
机修车间	管理人员	7852.00	5280.00	480.00	13612.00	1200.00	400.00	15212.00	1361.20	136.12	272.24	1088.96	256.00	3114.52	12097.48
	生产工人	11463.00	6720.00	720.00	18903.00	1600.00	1400.00	21903.00	1890.30	189.03	378.06	1512.24	346.00	4315.63	17587.37
	小计	19315.00	11000.00	1200.00	31515.00	2800.00	1800.00	36115.00	3151.50	315.15	630.30	2521.20	752.01	7370.16	28744.84
合计数		202351.00	128240.00	12810.00	343401.00	27400.00	20000.00	390801.00	34340.10	3434.01	6868.02	27472.08	6457.70	78571.91	312229.09

附表 79-2

五险一金结算汇总表（20**年12月）

部门		基本工资	奖金	小计	五险一金结算						
					住房公积金	失业保险金	医疗保险金	养老保险金	工伤保险金	生育保险金	合计
企业行政管理人员		59793.00	4800.00	64593.00	6459.30	1291.86	5167.44	7751.16	645.93	645.93	21961.62
配料车间	管理人员	13652.00	1150.00	14802.00	1480.20	296.04	1184.16	1776.24	148.02	148.02	5032.68
	生产工人	43666.00	3950.00	47616.00	4761.60	952.32	3809.28	5713.92	476.16	476.16	16189.44
	小计	57318.00	5100.00	62418.00	6241.80	1248.36	4993.44	7490.16	624.18	624.18	21222.12
制作车间	管理人员	17652.00	1150.00	18802.00	1880.20	376.04	1504.16	2256.24	188.02	188.02	6392.68
	生产工人	62273.00	5350.00	67623.00	6762.30	1352.46	5409.84	8114.76	676.23	676.23	22991.82
	小计	79925.00	6500.00	86425.00	8642.50	1728.50	6914.00	10371.00	864.25	864.25	29384.50
包装车间	管理人员	12892.00	1200.00	14092.00	1409.20	281.84	1127.36	1691.04	140.92	140.92	4791.28
	生产工人	43561.00	3700.00	47261.00	4726.10	945.22	3780.88	5671.32	472.61	472.61	16068.74
	小计	56453.00	4900.00	61353.00	6135.30	1227.06	4908.24	7362.36	613.53	613.53	20860.02
汽车队	管理人员	13132.00	1200.00	14332.00	1433.20	286.64	1146.56	1719.84	143.32	143.32	4872.88
	生产工人	25265.00	2100.00	27365.00	2736.50	547.30	2189.20	3283.80	273.65	273.65	9304.10
	小计	38397.00	3300.00	41697.00	4169.70	833.94	3335.76	5003.64	416.97	416.97	14176.98
机修车间	管理人员	15612.00	1200.00	16812.00	1681.20	336.24	1344.96	2017.44	168.12	168.12	5716.08
	生产工人	18903.00	1600.00	20503.00	2050.30	410.06	1640.24	2460.36	205.03	205.03	6971.02
	小计	34515.00	2800.00	37315.00	3731.50	746.30	2985.20	4477.80	373.15	373.15	12687.10
合计数		593009.00	50000.00	643009.00	64300.90	12860.18	51440.72	77161.08	6430.09	6430.09	218623.06

附表 80-1

委托收款凭证(付款通知) 5

委收号码：第 3545 号

托收日期 20××年 12 月 25 日　　　　付款日期：20×× 年 12 月 25 日

<table>
<tr><td rowspan="3">收款人</td><td>全　称</td><td colspan="2">长沙市医疗保险中心</td><td rowspan="3">付款人</td><td>全　称</td><td colspan="2">湖南盛湘食品股份有限公司</td></tr>
<tr><td>账　号</td><td colspan="2">109856256997</td><td>账　号</td><td colspan="2">091482543256</td></tr>
<tr><td>开户银行</td><td>工行长沙市支行潇湘路分理处</td><td>行号 1278</td><td>开户银行</td><td>工行长沙市支行四方坪分理处</td><td>行号 4236</td></tr>
</table>

委收金额	人民币 (大写)贰万叁仟柒佰叁拾贰元壹角整	千	百	十	万	千	百	十	元	角	分
				¥	2	3	7	3	2	1	0

款项内容	医保费	委托收款凭证名称		附寄单证张数	

备注	付款人注意： 1. 应于见票当日通知银行划款。 2. 如需拒付，应在规定期限内，将拒付理由书并附债务证明退交开户银行。 工行长沙市支行四方坪分理处章	开户行收讫

单位主管：吴正　　　复核：　　　记账：　　　付款人开户银行盖章　　　20×× 年 12 月 25 日

附表 80-2

医疗保险基金专用收据

第二联(收据联)

20×× 年 12 月 25 日

财政机关收费专章

<table>
<tr><td rowspan="3">缴款单位</td><td>单位全称</td><td colspan="2">湖南盛湘食品股份有限公司</td><td rowspan="3">收款单位</td><td>单位全称</td><td colspan="2">长沙市医疗保险中心</td></tr>
<tr><td>开户行及账号</td><td colspan="2">工行长沙市支行四方坪分理处
091482543256</td><td>收费名目</td><td colspan="2">医疗保险金</td></tr>
<tr><td>在职人数</td><td colspan="2"></td><td>开户行及账号</td><td colspan="2">工行长沙市支行潇湘路分理处
109856256997</td></tr>
<tr><td>缴费基数</td><td colspan="2"></td><td>电话或地址</td><td colspan="2">0731-8655668</td></tr>
</table>

缴款内容	缴费日期	缴款基数	计缴比例	应缴金额	实缴金额	备注
单位应缴	20×× 年 12 月			19 424.08		
个人应缴	20×× 年 12 月			4 308.02		
合　计				23 732.10	23 732.10	

实收金额合计(大写)贰万叁仟柒佰叁拾贰元壹角整　　　　　　¥23 732.10

收款单位(公章)　　　　　　　　　　经办人：吴品

附表80-3

委托收款凭证(付款通知) 5

委收号码：第3546号

托收日期20××年 12月25日　付款日期：20××年 12月25日

<table>
<tr><td rowspan="3">收款人</td><td>全　称</td><td colspan="3">长沙市人力资源和社会保障局</td><td rowspan="3">付款人</td><td>全　称</td><td colspan="3">湖南盛湘食品股份有限公司</td></tr>
<tr><td>账　号</td><td colspan="3">105263968574</td><td>账　号</td><td colspan="3">091482543256</td></tr>
<tr><td>开户银行</td><td colspan="2">工行长沙市支行芙蓉路分理处</td><td>行号</td><td>1278</td><td>开户银行</td><td colspan="2">工行长沙市支行四方坪分理处</td><td>行号</td><td>4236</td></tr>
<tr><td rowspan="2">委收金额</td><td colspan="6">人民币</td><td>百</td><td>十</td><td>万</td><td>千</td><td>百</td><td>十</td><td>元</td><td>角</td><td>分</td></tr>
<tr><td colspan="6">(大写)伍万捌仟贰佰叁拾肆元贰角伍分</td><td></td><td>¥</td><td>5</td><td>8</td><td>2</td><td>3</td><td>4</td><td>2</td><td>5</td></tr>
<tr><td rowspan="4">款项内容</td><td>养老保险金</td><td rowspan="4" colspan="2">委托收款
凭证名称</td><td rowspan="4" colspan="3"></td><td rowspan="4" colspan="2">附寄单证张数</td><td rowspan="4" colspan="6">开户行收讫</td></tr>
<tr><td>失业保险金</td></tr>
<tr><td>工伤保险金</td></tr>
<tr><td>生育保险金</td></tr>
<tr><td>备注</td><td colspan="14">付款人注意：
1. 应于见票当日通知银行划款。
2. 如需拒付，应在规定期限内，将拒付理由书并附债务证明退交开户银行。

工行长沙市支行四方坪分理处章</td></tr>
</table>

单位主管：张正军　　复核：　　记账：　　付款人开户银行盖章　　20××年 12月25日

附表80-4

社会保险基金专用收据

第二联(收据联)

财政机关收费专章

20××年 12月25日

<table>
<tr><td rowspan="5">缴款单位</td><td>单位全称</td><td colspan="2">湖南盛湘食品股份有限公司</td><td rowspan="5">收款单位</td><td>单位全称</td><td colspan="3">长沙市人力资源和社会保障局</td></tr>
<tr><td rowspan="2">开户行及账号</td><td colspan="2" rowspan="2">工行长沙市支行四方坪分理处
091482543256</td><td>收费名目</td><td colspan="3">各项保险金</td></tr>
<tr><td rowspan="2">开户行及账号</td><td colspan="3" rowspan="2">工行长沙市支行芙蓉路分理处
105263968574</td></tr>
<tr><td>在职人数</td><td colspan="2"></td></tr>
<tr><td>缴费基数</td><td colspan="2"></td><td>电话或地址</td><td colspan="3">0731-8655668</td></tr>
<tr><td>缴款内容</td><td>缴费日期</td><td>基数</td><td>计缴比例</td><td>应缴金额</td><td colspan="2">实缴金额</td><td>备注</td></tr>
<tr><td>单位应缴</td><td>20××年 12月</td><td></td><td></td><td>38 848.16</td><td colspan="2"></td><td></td></tr>
<tr><td>个人应缴</td><td>20××年 12月</td><td></td><td></td><td>19 386.09</td><td colspan="2"></td><td></td></tr>
<tr><td>合　计</td><td></td><td></td><td></td><td>58 234.25</td><td colspan="2">58 234.25</td><td></td></tr>
<tr><td colspan="5">实收金额合计(大写)伍万捌仟贰佰叁拾肆元贰角伍分</td><td colspan="3">¥58 234.25</td></tr>
</table>

收款单位(公章)　　　　　　　　　　　　　　　　经办人：吴品

附表 81-1

中国工商银行 转账支票存根 0914821016		
科 目 _____		
对方科目 _____		
出票日期 年 月 日		
收款人:		
金额:		
用途:		
单位主管 会计 复核 记账		

中国工商银行 转账支票(湘) 支票号 0914821016

出票日期(大写) 年 月 日 付款行名称:

收款人: 出票人账号:

人民币(大写) | 亿 | 千 | 百 | 十 | 万 | 千 | 百 | 十 | 元 | 角 | 分 |

用途:
上列款项请从
我账户内支付
出票人签章

科 目(借)
对方科目(贷)
转账日期 年 月 日
复核 记账

附表 81-2

住房公积金专用收据

第二联(收据联)

20××年 12 月 25 日

缴款单位	单位全称	湖南盛湘食品股份有限公司	收款单位	单位全称	长沙市住房公积金管理处
	开户行及账号	工行长沙市支行四方坪分理处 091482543256		收费名目	住房公积金
	在职人数			开户行及账号	工行长沙市支行蔡锷路分理处 211-0524300124
	缴费基数			电话或地址	0731-86452028

缴款内容	缴费日期	基数	计缴比例	应缴金额	实缴金额	备注
单位应缴	20××年 12月			24 280.10		
个人应缴	20××年 12月			21 540.10		
合 计				45 820.20	45 820.20	
实收金额合计(大写)肆万伍仟捌佰贰拾元贰角					¥45 820.20	

收款单位(公章)

经办人：吴品

附表 82

中国工商银行进账单(收账通知)

填报日期 20××年 12 月 26 日

收款人	全 称	湖南盛湘食品股份有限公司	付款人	全 称	长沙方正证券公司
	账 号	091482543256		账 号	129067125689
	开户银行	工行长沙市支行四方坪分理处		开户银行	工行长沙市分行东风路分理处

人民币(大写)	伍万玖仟元整	千	百	十	万	千	百	十	元	角	分
				¥	5	9	0	0	0	0	0

票据种类	转支	备注：国库券到期兑付款(本金 50 000 元，三年利息 9 000 元)

工行长沙市支行学院路分理处(章)

附表 83

| 04301542651 | 湖 南 增 值 税 普 通 发 票 | NO.00178569542 |

043001542651

101321424

开票日期：20××年 12 月 25 日

购货单位	名　　　称：湖南盛湘食品股份有限公司	密码区	007/31<9++253*2+8540**0142-/+22**4*67>2*10524*6+1624--+008+36++<*51**321+>0+1523+*017*/535/*33/++--7>42101+2*<++>405+9/3//12*+/8*32/	第三联：发票联 购买方记账凭证
	纳税人识别号：0768598548			
	地址、　电话：开福区三一大道 268 号 0731-84262088			
	开户行及账号：工行长沙市支行四方坪分理处 091482543256			

货物或应税劳务、服务名称	规格型号	单位	数量	单价	金额	税率	税额
灯具		个	100	73.10	7310.34	16%	1169.16
合计					7310.34		1169.16

| 价税合计(大写) | 捌仟肆佰捌拾元整 | (小写)¥8480.00 | 备注 | 0221356255X 发票专用章 |

销货单位	名　　　称：长沙万福灯饰城
	纳税人识别号：0221356255X
	地址、　电话：长沙南湖市场 B 栋 111 号 0731-86845711
	开户行及账号：工行南湖路支行 6221356295462

收款人：史静　　　　复核：　　　　开票人：吴晶　　　　销售方：

附表 84-1

同城委托收款凭证(付款通知)　5

托收日期：20××年 12 月 25 日　　付款日期：20××年 12 月 26 日　　　委收号码：第 6749 号

收款人	全　　称	长沙市自来水公司		付款人	全　　称	湖南盛湘食品股份有限公司		
	账　　号	02299653			账　　号	091482543256		
	开户银行	工行长沙市支行望城坡分理处	行号 3478		开户银行	工行长沙市支行四方坪分理处	行号 4236	

委收金额	人民币 (大写)陆万陆仟元整	千	百	十	万	千	百	十	元	角	分
			¥	6	6	0	0	0	0	0	0

开户行收讫

| 款项内容 | 水费 | 委托收款凭证名称 | 发票 | 附寄单证张数 | 1 张 |

| 备注 | 付款人注意：
　　1. 应于见票当日通知银行划款。
　　2. 如需拒付，应在规定期限内，将拒付理由书并附债务证明退交开户银行。
　　　　　　　　　　　　　　　　工行长沙市支行四方坪分理处章 |

单位主管：刘广能　　复核：　　　记账：　　付款人开户银行盖章 20××年 12 月 26 日

附表84-2

043018341666　　湖南增值税专用发票　NO.00174185965

0430018341666

1011526354

国家税务总局
发票联
湖南省税务局

开票日期：20××年 12月25日

购货单位	名　　　称：湖南盛湘食品股份有限公司		
	纳税人识别号：0768598548		
	地址、电话：开福区三一大道 268 号 0731-84262088		
	开户行及账号：工行长沙市支行四方坪分理处 091482543256		

密码区

04/*1<8++213*2+8570**0628-/+00**4
*67>2*15194*6+14--+45*08+36++<*5
1**321+>0+1543+*00*/5++/*33/++--7
>43201+2*<++>475+54+68/12*+/899*/

货物或应税劳务、服务名称	规格型号	单位	数量	单价	金额	税率	税额
水		吨	30000	2.00	60 000.00	10%	6 000.00
合计					60 000.00		6 000.00

价税合计(大写)	陆万陆仟元整	(小写)¥66 000.00

销货单位	名　　　称：长沙市自来水公司	备注
	纳税人识别号：534789435672	湖南省长沙市自来水公司
	地址、电话：长沙市金盆路 87 号 0731-8856232	534789435672
	开户行及账号：工行长沙市金盆支行 02299653	发票专用章

收款人：陈方　　　　复核：　　　　开票人：吴登宇　　　　销售方：

附表84-3

用 水 统 计 表

20××年 12月26日

耗用部门	耗用数量(T)	水单价	分配金额
配料车间	21 000	2.00	
制作车间	6 300	2.00	
汽车队	1 200	2.00	
厂部	1 500	2.00	
合计	30 000	2.00	

主管：　　　　　　　　　　　　　　　制表人：

附表 85-1

托收承付结算部分拒绝付款理由书

拒付日期 20××年 12 月 26 日　　　　　　　　原托收号码：

<table>
<tr><td rowspan="3">付款人</td><td>全　称</td><td colspan="2">衡阳市白果市场</td><td rowspan="3">收款人</td><td>全　称</td><td colspan="7">湖南盛湘食品股份有限公司</td></tr>
<tr><td>账　号</td><td colspan="2">02221546</td><td>账　号</td><td colspan="7">091482543256</td></tr>
<tr><td>开户银行</td><td>工行衡阳市支行五一分理处</td><td>行号 1258</td><td>开户银行</td><td colspan="4">工行长沙市支行四方坪分理处</td><td colspan="3">行号 4256</td></tr>
<tr><td>托收金额</td><td colspan="2">415 280 元</td><td>拒付金额</td><td colspan="2">28 200 元</td><td>部分付款金额</td><td>千</td><td>百</td><td>十</td><td>万</td><td>千</td><td>百</td><td>十</td><td>元</td><td>角</td><td>分</td></tr>
<tr><td></td><td></td><td></td><td></td><td></td><td></td><td></td><td>¥</td><td>3</td><td>8</td><td>7</td><td>0</td><td>8</td><td>0</td><td>0</td><td>0</td></tr>
</table>

附寄单证	1 张	部分付款金额(大写)	叁拾捌万柒仟零捌拾元整

拒付理由： 由于途中发生行车事故，少收 4 000 袋煎饼与 2 000 袋果仁曲奇，故拒付 28 200 元价税款。 　　　　　　　　　　　　付款人盖章	科目(借) 对方科目(贷)　开户行 转账日期　　　　承兑日 　　　　　　　复核　　记账

附表 85-2

邮　　　　　## 托收承付款凭证(收账通知)　　1

委托日期 20××年 12 月 16 日　　　　　　委收号码：16203

<table>
<tr><td rowspan="3">付款人</td><td>全　称</td><td colspan="2">衡阳市白果商场</td><td rowspan="3">收款人</td><td>全　称</td><td colspan="11">湖南盛湘食品股份有限公司</td></tr>
<tr><td>账号或地址</td><td colspan="2">02221546</td><td>账　号</td><td colspan="11">091482543256</td></tr>
<tr><td>开户银行</td><td>工行衡阳市支行五一分理处</td><td>行号 1258</td><td>开户银行</td><td colspan="8">工行长沙市支行四方坪分理处</td><td colspan="3">行号 4236</td></tr>
<tr><td rowspan="2">托收金额</td><td colspan="3" rowspan="2">人民币(大写)肆拾壹万伍仟贰佰捌拾元整</td><td></td><td></td><td>千</td><td>百</td><td>十</td><td>万</td><td>千</td><td>百</td><td>十</td><td>元</td><td>角</td><td>分</td></tr>
<tr><td></td><td></td><td>¥</td><td>4</td><td>1</td><td>5</td><td>2</td><td>8</td><td>0</td><td>0</td><td>0</td></tr>
</table>

附件：拒付理由书	商品发运情况	合同名称代码	开户行收讫
附寄单证张数或册数			
备注	款项收妥日期 　年　月　日		收款人开户行盖章 　年　月　日

单位主管：　　　　会计：　　　　　　　复核：　　　　　　　记账：

附表 86

产 品 交 库 单

生产部门：包装车间　　　　20××年 12 月 26 日　　　　第 4 号

工号	产品名称	规格	计量单位	检验结果 合格	检验结果 不合格	交付数量	实收数量	单位成本	总价
	福运牌苏打饼					40 000	40 000		
	缘味牌奶黄饼					50 000	50 000		
	缘味牌煎饼					30 000	30 000		
	缘味牌葱油香脆饼					50 000	50 000		
	福运牌早餐饼					60 000	60 000		
	福运牌夹心酥					60 000	60 000		
	福运牌果仁曲奇					20 000	20 000		
	合计					310 000	310 000		
备注				检验人：吴光			入库人：张华		

会计：　　　　　复核：　　　　　记账：　　　　　制单：

附表 87-1

043019475124　　湖 南 增 值 税 专 用 发 票　　NO.00172411225

国家税务总局
发票联
湖南省税务局

0430019475124
1013220410

开票日期：20××年 12 月 29 日

购货单位	名　　称：湖南盛湘食品股份有限公司 纳税人识别号：0768598548 地址、电话：开福区三一大道 268 号 0731-84262088 开户行及账号：工行长沙市支行四方坪分理处 091482543256	密码区	1104/*1<8++41*2+82**058-/+44**4*6 7>2*744*6+185--+32*100+36++<*51* *321+>0+12123+*40*/5++/6+/++--7>4 3841+2*<++>422+54+108*/12*+/811*/
货物或应税劳务、服务名称	规格型号　单位　数量　单价　金额　税率　税额		

货物或应税劳务、服务名称	规格型号	单位	数量	单价	金额	税率	税额
鲜蛋		公斤	10000	4.40	44 000.00	10%	4 400.00
白砂糖		公斤	5000	3.00	15 000.00	16%	2 400.00
合计					59 000.00		6 800.00

价税合计(大写)　陆万伍仟捌佰元整　　(小写)¥65 800.00

销货单位	名　　称：长沙市中盛食品公司 纳税人识别号：032562358954 地址、电话：长沙市韶山路 324 号 0731-57562154 开户行及账号：工行长沙市支行韶山路分理处 02212215	备注	湖南省长沙市中盛食品公司 032562358954 发票专用章

收款人：李开　　　　复核：　　　　开票人：彭忠　　　　销售方：

第三联：发票联 购买方记账凭证

附表 87-2

中国工商银行 转账支票存根 0914821017	中国工商银行 转账支票(湘) 支票号 0914821017
科　目_____	出票日期(大写)　年　月　日　　付款行名称：
对方科目_____	收款人：　　　　　　　　　　出票人账号：
出票日期　年　月　日	人民币 （大写）　亿 千 百 十 万 千 百 十 元 角 分
收款人：	
金额：	用途：　　　　　　　科　目(借)
用途：	上列款项请从　　　　对方科目(贷)
单位主管　会计	我账户内支付　　　　转账日期　年　月　日
复核　　记账	出票人签章　　　　　复核　　　记账

附表 88-1

0430054113223　　湖 南 增 值 税 专 用 发 票　NO.00186453281
　　　　　　　　　　　　　　　　　　　　　　　　0430054113223
　　　　　　　国家税务总局　　　　　　　　　　0135227660
　　　　　　　发票联
　　　　　　湖南省税务局
　　　　　　　　　　　　　　　　开票日期：20××年 12 月 29 日

购货单位	名　　称 湖南盛湘食品股份有限公司				密码区	01*+476+<0*52+2/4*1*2+002**847 79-2+420*+*10/3>6+97--+6+24+311 2++<*94**5234+>3/0+4430*41/55/* 468/++--7>41/++>4310-++5/20-836+
	纳税人识别号：0768598548					
	地址、电话：开福区三一大道 268 号 0731-84262088					
	开户行及账号：工行长沙市支行四方坪分理处 091482543256					

货物或应税劳务、服务名称	规格型号	单位	数量	单价	金额	税率	税额
搬运费		元/台班	20	496	8527.27	10%	852.73
价税合计(大写)	玖仟叁佰捌拾元整				(小写)¥9 380.00		

销货单位	名　　称 长沙新桥搬运公司	备注	食品货物 496 元/台班	长沙新桥搬运公司 03457328 发票专用章
	纳税人识别号：03457328			
	地址、电话：开福区新河路 11 号 0731-822343			
	开户行及账号：农行新河路支行 04356633009			

收款人：吴卫　　　　　复核：　　　　　　开票人：王珂路　　　　　销售方

附表 88-2

中国工商银行 转账支票存根 0914821018	中国工商银行 转账支票(湘) 支票号 0914821018

中国工商银行
转账支票存根
0914821018

科　　目＿＿＿＿＿＿＿
对方科目＿＿＿＿＿＿＿
出票日期　年　月　日

| 收款人： |
| 金额： |
| 用途： |

单位主管　会计
复核　　　记账

中国工商银行 转账支票(湘) 支票号 0914821018

出票日期(大写)　年　月　日　　　　付款行名称：

收款人：　　　　　　　　　　　　　出票人账号：

人民币
(大写)　　　　　　　　　| 亿 | 千 | 百 | 十 | 万 | 千 | 百 | 十 | 元 | 角 | 分 |

用途：　　　　　　　科　目(借)
上列款项请从　　　　对方科目(贷)
我账户内支付　　　　转账日期　　年　月　日
出票人签章　　　　　复核　　　记账

附表 89-1

长沙市房产税纳税申报表

经济性质：国有经济　　　　　　　　　　　　　　　　长税征表 7
预算级次：市级　　　　所属时期：20××年 7～12 月　　金额单位：列至角分

纳税人名称	湖南盛湘食品股份有限公司	地址	长沙市开福区三一大道 268 号	电话	0731-84262088	所属行业	食品加工
主管部门	长沙市粮食局	开户银行	工行长沙市支行四方坪分理处		账号	091482543256	

房屋编号	房屋用途	坐落地位	结构	层次	栋数	建筑面积	房产来源及时间	房产原值(万元)	减除幅度	应税房产余额	租金收入	税率(%)	计算税额(万元)	本期应纳税额
1	办公							600	30%	420		1.2		
2	厂房							1 800	30%	1 260		1.2		
3	仓库							250	30%	175		1.2		
4	食堂							100	30%	70		1.2		
合计								2 750		1 925		1.2	23.1	

缴款书　字　号　　　开票日期：20××年 12 月 29 日　　入库时间：20××年 12 月 29 日

申报单位(人)章　　　财务负责人(章)　　　办税人员(章)　　　申报日期：20××年 12 月 29 日

附表89-2

车船使用税纳税申报表

经济性质：国有经济

预算级次：市级　　　　　所属时期：20××年 10～12月

长税征表 8

金额单位：列至角分

纳税人名称	湖南盛湘食品股份有限公司	税务微机编号	02563542	地址	长沙市开福区三一大道 268 号	开户银行及账号	工行长沙市支行四方坪分理处091482543256

车辆种类	行车执照号码	吨位及座次	单位年税额	计算年税额	本期实纳税额	备注
小轿车		10 台	360/台	3600 元		
货车		20 台	180/台	3600 元		
合　计				7200 元		

缴款书字　号	开票日期：20××年 12月29日	入库日期：20××年 12月29日	开票人：

申报业主(人)章　　　　财务负责人(章)　　　　办税人员(章)　　　　申报日期：20××年 12月29日

附表89-3

城镇土地使用税纳税申报表

经济性质：国有经济

预算级次：市级　　　　　所属时期：20××年 7～12月

长税征表 9

金额单位：列至角分

单位名称	湖南盛湘食品股份有限公司	地址	长沙市开福区三一大道 368 号	电话	0731-84262088	所属行业	食品加工
主管部门	长沙市粮食局	开户银行	工行长沙市支行四方坪分理处	账号			091482543256

占地面积	计税标准	计算税额	已纳税额	本期应纳税额
480 000 平方米	0.5 元/平方米	240 000 元		240 000 元
合　计				240 000 元

缴款书字　号	开票日期：20××年 12月29日	入库日期：20××年 12月29日

申报业主(人)章　　　　财务负责人(章)　　　　办税人员(章)　　　　申报日期：20××年 12月29日

附表90

中华人民共和国税收缴款书

企业关系：　　　　　　　　　　　　　　　　(20021)湘地电缴　　号

企业类型：　　　　　填发时间：20××年　月　日　　　　收款机关：

预算科目	编码	工商税收		缴款单位	代码	
	名称				全称	
	级次				开户银行	
	收缴国库				账号	
税款所属时期				税款限缴期限		

品目名称	课税数量	计税金额或销售收入	税率或单位税额	已缴或扣除额	实缴金额										
					千	百	十	万	千	百	十	元	角	分

合计金额(大写)

缴税单位(人)盖章 经办人(章)	税务机关盖章 填票人(章)	上列款项已收妥并划收 单位账户 国库(银行)盖章 　　　年 月 日	备注

附表91

中华人民共和国税收缴款书

企业关系：　　　　　　　　　　　　　　　　(20021)湘地电缴　　号

企业类型：　　　　　填发时间：20××年　月　日　　　　收款机关：

预算科目	编码	工商税收		缴款单位	代码	
	名称				全称	
	级次				开户银行	
	收缴国库				账号	
税款所属时期				税款限缴期限		

品目名称	课税数量	计税金额或销售收入	税率或单位税额	已缴或扣除额	实缴金额										
					千	百	十	万	千	百	十	元	角	分

合计金额(大写)

缴税单位(人)盖章 经办人(章)	税务机关盖章 填票人(章)	上列款项已收妥并划收 单位账户 国库(银行)盖章 年 月 日	备注

附表 92-1

湖南盛湘食品股份有限公司领料单(记账联)

材料类别：各种材料

领用部门：配料车间　　　　20××年 12月22日　　　　领单号：26

材料类别	材料名称	规格	单位	数量		计划单价	总　价
				请领	实发		
原材料	大米	标-米	公斤	30 000	30 000	1.52	45 600.00
	黏玉米		公斤	20 000	20 000	1.38	27 600.00
合计							73 200.00
材料用途	咸式食品						

批准人：杨柳华　　　　　　领料人：胡广云　　　　　　发料人：王伟

附表 92-2

湖南盛湘食品股份有限公司领料单(记账联)

材料类别：各种材料

领用部门：配料车间　　　　20××年 12月22日　　　　领单号：26

材料类别	材料名称	规格	单位	数量		计划单价	总价
				请领	实发		
原材料	精面粉		公斤	40 000	40 000	1.96	78 400.00
	普通面粉		公斤	20 000	20 000	1.60	32 000.00
合计							110 400.00
材料用途	甜式食品						

批准人：杨柳华　　　　　　领料人：胡广云　　　　　　发料人：王伟

附表 93-1

中国工商银行 转账支票存根 0914821019	中国工商银行　　　　转账支票(湘) 0914821019
科　目_____ 对方科目_____ 出票日期 年 月 日	出票日期(大写)　年　月　日　　　付款行名称： 收款人：　　　　　　　　　　出票人账号：

中国工商银行
转账支票存根
0914821019

科　目_____
对方科目_____
出票日期 年 月 日

收款人：
金额：
用途：

单位主管　会计
复核　　　记账

中国工商银行　　　　转账支票(湘) 0914821019

出票日期(大写)　年　月　日　　　付款行名称：

收款人：　　　　　　　　　　　出票人账号：

人民币
(大写)　　　　　　　　亿 千 百 十 万 千 百 十 元 角 分

用途：　　　　　　　　　　　科　目(借)
上列款项请从　　　　　　　对方科目(贷)
我账户内支付　　　　　　　转账日期　年　月　日
出票人签章　　　　　　　　复核　　　记账

附表 93-2

04301344121

湖南增值税普通发票　　NO.001785426321

043001344121

1012365862

国家税务总局
发票联
湖南省税务局

开票日期：20××年 12月25日

购货单位	名　　称：湖南盛湘食品股份有限公司	密码区	097/31<9++293*2+820**0100-/+228**4*67>2*14524*6+160--+048+76++<*51**300+>8+1443+*03/*5315/*13/++--7>4221+7*<++>55+1/3//332*+/7*92/*2/
	纳税人识别号：0768598548		
	地址、电话：开福区三一大道 268 号 0731-84262088		
	开户行及账号：工行长沙市支行四方坪分理处 091482543256		

货物或应税劳务、服务名称	规格型号	单位	数量	单价	金额	税率	税额
话费与网络费					6 163.64	10%	616.36
合计					6 163.64		616.36

价税合计(大写)	陆仟柒佰捌拾元整	(小写)¥6 780.00

销货单位	名　　称：湖南省电信公司长沙分公司	备注
	纳税人识别号：0225365847X	湖南省电信公司长沙分公司 0225365847X 发票专用章
	地址、电话：长沙市开福区蔡锷中路 8 号 0731-8825888	
	开户行及账号：建行蔡锷路支行 6227685748221	

收款人：文明　　　　复核：　　　　开票人：盛政敏　　　　销售方：

附表 94

用电费用通知单

20××年 12月30日

项目 / 用电部门		生产耗用			照明耗用		
		用电度数	用电单价	用电金额	用电度数	用电单价	用电金额
基本生产部门	配料车间	56 000	0.20	11 200.00	3 000	0.60	1 800.00
	制作车间	72 000	0.20	14 400.00	4 800	0.60	2 880.00
	包装车间	30 000	0.20	6 000.00	4 000	0.60	2 400.00
生产耗用	合计	158 000	0.20	31 600.00	11 800	0.60	7 080.00
辅助生产部门耗用	汽车队	2 000	0.20	400.00	1 200	0.60	720.00
	机修车间	5 000	0.20	1 000.00	1 000	0.60	600.00
	合计	7 000	0.20	1 400.00	2 200	0.60	1 320.00
管理部门耗用					42 000	0.60	25 200.00
合　计		165 000		33 000.00	56 000		33 600.00

编表部门：公司电力管理部门　　　　　　编表人：张华

211

附表 95

原材料及周转材料发料凭证汇总表

20××年 12 月 30 日

应贷科目　　　　领料用途	原材料			周转材料		
	计划成本	差异额	实际成本	计划成本	差异额	实际成本

主管：　　　　　　　　　审核：　　　　　　　　　制表：

附表96

无形资产摊销分配表

20××年 12月30日

项　目	待分配金额	摊销期限	本月应摊销金额
合计			

审核人：　　　　　　　　　　　　　　　　　　　制表人：

附表97

固定资产折旧计算表

20××年 12月31日

固定资产 类别部门	应计提折旧 的固定资产基数	计提的月折旧额	
		月折旧率	月折旧额
总　　计			

会计主管：　　　　　　　　　固定资产管理部门(章)

附表98

银行借款利息计提表

20××年 12 月 31 日

借款类别	计息积数	日利率	应计利息
合计			

会计主管(章)　　　　　　　　　　　　　　　　　　制表人(章)

附表99

外购材料成本差异计算表

20××年 12 月 30 日

材料类别	收入材料计划成本	收入材料实际成本	收入材料成本差异
原材料			
周转材料			
合计			

会计主管(章)　　　　　　　　　　　　　　　　　　制表人(章)

附表100

存货盘点报告表

企业名称：湖南盛湘食品股份有限公司　　　　20××年 12 月 31 日

存货类别	存货名称	计量单位	数量		盘盈		盘亏		盈亏原因
			账存	实存	数量	计划成本	数量	计划成本	
原材料	大米	公斤			5 000	7 600.00			计量错误
原材料	精白粉	公斤					6 000	11 760.00	计量错误
原材料	白砂糖	公斤					1 000	3 200.00	计量错误
合计					5 000	7 600.00	7 000	14 960.00	

会计主管：肖光　　　　　　　　　　　　　　　　　制表人：张华

附表 101

关于盘盈盘亏原材料及库存商品事故损失申请转账的报告

厂部董事会：

　　年末盘点原材料，发现盘盈大米 5 000 公斤，计划成本为 7 600 元，盘亏精白粉、白砂糖分别为 6 000 公斤及 1 000 公斤，计划成本分别为 11 760 元和 3 200 元，盘盈盘亏均系计量错误，请批准转入"管理费用"。另发给衡阳的库存商品中，煎饼 4 000 袋、果仁曲奇 2 000 袋，在运输途中发生行车事故，请批准转入"营业外支出"。

肖光

20××年 12 月 31 日

　　　经研究决定，同意财产清查小组的意见。

张立山

20××年 12 月 31 日

附表 102

制造费用转入基本生产成本汇总表

20××年 12 月 日

基本生产部门	制造费用转入基本生产成本金额		
	甜式产品	咸式产品	合计
配料车间			
制作车间			
包装车间			
合计			

会计主管(章)　　　　　　　　　　　　制表人(章)

附表103

辅助生产费用分配表(一次交互分配法)

20××年 12月 31日

项 目			交互分配			对外分配		
辅助生产车间名称			机修车间	汽车队	合 计	机修车间	汽车队	合 计
待分配费用	全部费用金额							
	其中:外购项目金额							
劳务供应总量								
分配率	全部费用分配率							
	外购项目分配率							
受益部门	机修车间	耗用数量						
		分配金额						
	汽车队	耗用数量						
		分配金额						
	配料车间	耗用数量						
		分配金额						
	制作车间	耗用数量						
		分配金额						
	包装车间	耗用数量						
		分配金额						
	行政管理部门	耗用数量						
		分配金额						
	产品销售部	耗用数量						
		分配金额						
	围墙改造工程	耗用数量						
		分配金额						
	发酵罐安装工程	耗用数量						
		分配金额						
	车队外运项目	耗用数量						
		分配金额						
合 计								

会计主管(章)   制表人(章)

附表 104-1

产品成本计算单

成本计算对象：甜式食品　　　　　　　20××年 12 月 31 日

项　　目	合　　计
月初在产品成本	
本月生产费用合计	
约当产量	
分配率	
完工产品总成本	
期末在产品成本	

会计主管(章)　　　　　　　　　　　　　　　　　　制表人(章)

附表 104-2

产品成本计算单

成本计算对象：咸式食品　　　　　　　20××年 12 月 31 日

项　　目	合　　计
月初在产品成本	
本月生产费用合计	
约当产量	
分配率	
完工产品总成本	
期末在产品成本	

会计主管(章)　　　　　　　　　　　　　　　　　　制表人(章)

附表 104-3

产成品成本分配表

分配对象：甜式系列食品　　　　　　　20××年 12 月 31 日

产品名称	单位售价	单位系数	产成品数量	总系数	成本项目分配率	总成本	单位成本
夹心饼							
早餐饼							
果仁曲奇							
煎饼							
合计							

会计主管(章)　　　　　　　　　　　　　　　　　　制表人(章)

附表 104-4

产成品成本分配表

分配对象：咸式系列食品　　　　　　　　20××年 12 月

产品 名称	单位 售价	单位 系数	产成 品数量	总系 数	成本项目 分配率	总成本	单位 成本
苏打饼							
奶黄饼							
葱油香脆饼							
合计							

会计主管(章)　　　　　　　　　　　　　　　　　　制表人(章)

附表 104-5

产成品入库汇总表

20××年 12 月 31 日

产品名称	计量单位	数　量	总成本	单位成本
夹心酥				
早餐饼				
果仁曲奇				
煎饼				
苏打饼				
奶黄饼				
葱油香脆饼				
合计				

会计主管(章)　　　　　　　　　　　　　　　　　　制表人(章)

附表 105

坏账准备计提计算表

20××年 12 月 31 日

应收款 项种类	年末 余额	计提坏账 准备比例	提取前"坏账准 备"的借方余额	提取前"坏账准 备"的贷方余额	本期应计提 的坏账准备
应收账款					
其他应收款					
合计					

会计主管(章)　　　　　　　　　　　　　　　　　　制表人(章)

附表 106

产品销售成本计算表

20××年 12月 31日

已销产品名称	单位	月初结存数量		本月入库		本月销售成本		
		数量	总成本	数量	总成本	数量	加权平均成本	总成本
夹心酥								
早餐饼								
果仁曲奇								
煎饼								
苏打饼								
奶黄饼								
葱油香脆饼								
合计								

会计主管(章)　　　　　　　　　　　　　　制表人(章)

附表 107

城市建设维护税纳税及教育费附加申报表

经济性质：　　　　　　　　　　　　　　　　　　湘税征表

预算级次：　　　　　所属时间：　年　月　日　　金额单位：　　元

纳税人名称		税务微机编号		开户银行		账号	
税(费)种类	计税(费)金额	税率(征收率)	应纳税额	已纳(抵扣)税额		按规定减免税额	本期实际应补(退)税额
城市建设维护税							
教育费附加							
合　计							
缴款书 字 号		开票日期：年　月　日		入库日期：年　月　日		开票人：	

申报单位(章)　　　　　　　财务负责人(盖章)　　　　　　申报日期：　　年　月　日

附表 108

外币账户期末余额调整计算表

20××年 12 月 31 日

外币账户 名称	原币账户 期末余额	期末汇率	调整后 人民币余额	调整前 人民币余额	差 额
合计					

财务主管(签章)　　　　　　　　　　　　　　　编表人：

附表 109

发酵罐工程竣工验收单

20××年 12 月 31 日

工程名称	发酵罐工程	使用部门		配料车间
施工单位		设计部门		市机械设计院
预算造价	620 000 元	实际造价		
开工日期		其中：		
交付日期		设备费		
		安装费		
		其他费		
备注				
验收单位负责人签字：吴光		施工单位负责人签字：希望		使用单位负责人签字：刘云

附表 110

企业所得税纳税申报表

预算级次：_____ 银行：_____

企业名称：_____ 账号：_____

申报所属时期：自 年 月 日至 年 月 日 金额单位： 元

项 目	本期数	累计数	项 目	本期数	累计数
营业收入			加：应调增利润		
减：营业成本			1		
税金及附加			2		
销售费用			3		
管理费用			4		
财务费用			5		
资产减值损失			6		
加：投资收益			7		
营业外收入			8		
减：营业外支出					
利润(亏损)总额			应纳税所得额		
减：应扣减利润			本期应纳所得税额		
1			减：已纳所得税额		
2			本期应补(退)所得税额		

企业负责人： 会计主管： 办税人员： 申报日期： 年 月 日

附表 111

提取盈余公积计算表

企业名称：　　　　　　　　　　　20××年 12 月 31 日

项　　目	行　次	金　　额
净利润	1	
减：弥补企业以前年度亏损	2	
计提盈余公积基数	3	
本期应提取法定盈余公积	4	
本期应提取公益金	5	
本期应提取任意盈余公积	6	

会计主管：　　　　　　　　复核：　　　　　　　　制表：

附表 112

应付利润计算表

企业名称：　　　　　　　　　　　20××年 12 月 31 日

项　　目	行　次	金　　额
净利润	1	
减：弥补企业以前年度亏损	2	
提取的法定盈余公积	3	
提取的法定公益金	4	
加：年初未分配利润	5	
盈余公积补亏	6	
可供投资者分配的利润	7	
应付给投资者的利润	8	
其中：优先股股利	9	
普通股股利	10	

会计主管：　　　　　　　　复核：　　　　　　　　制表人：

附表 113

董事会决议通知

财务科：

　　经董事会研究决定，按当年税后利润的 10%计提法定盈余公积，按 5%计提法定公益金，按提取两金后的 70%分配投资者利润(按投资者的持股比例分配)。

金湘缘股份有限公司董事会

20×× 年 12 月 31 日

附表 114

科目汇总表

20××年 12 月 15 日至 12 月 31 日　　　　　凭证号　　自第　　号至　　号

会计科目	借方发生额	贷方发生额	过账

财会主管：　　　　　记账：　　　　　复核：　　　　　制表：

会计科目	借方发生额	贷方发生额	过账

财会主管：　　　　　　记账：　　　　　　复核：　　　　　　制表：

附表115-1

资 产 负 债 表

编制单位：　　　　　　　　　　　　　　年　月　日　　　　　　　　　　单位：元

资　　　产	年初数	期末数	负债和所有者权益(或股东权益)	年初数	期末数
流动资产：			流动负债：		
货币资金			短期借款		
交易性金融资产			应付票据		
应收票据			应付账款		
应收账款			预收账款		
应收利息			应付职工薪酬		
应收股利			应付福利费		
其他应收款			应付股利		
存货			应交税费		
一年内到期的非流动资产			应付利息		
其他流动资产			其他应付款		
流动资产合计			一年内到期的长期负债		
非流动资产			其他流动负债		
可供出售金融资产			流动负债合计		
持有至到期投资			非流动负债：		
长期应收款			长期借款		
长期股权投资			应付债券		
投资性房地产			长期应付款		
固定资产			专项应付款		
工程物资			预计负债		
在建工程			递延所得税负债		
固定资产清理			其他长期负债		
无形资产			非流动负债合计		
长期待摊费用			负债合计		
递延所得税资产			所有者权益(或股东权益)		
其他非流动资产			实收资本(股本)		
非流动资产合计			资本公积		
			其他综合收益		
			盈余公积		
			未分配利润		
			所有者权益(股东权益合计)		
资产总计			负债及所有者权益(股东权益)总计		

附表 115-2

利 润 表

企会 02 表

编制单位：   年   月   日   单位：元

项　　　目	本月数	本年累计数
一、营业收入		
减：营业成本		
税金及附加		
销售费用		
管理费用		
财务费用		
资产减值损失		
加：公允价值变动损益(损失以"-"号填列)		
投资收益(损失以"-"号填列)		
其中：对联营企业和合营企业的投资收益		
二、营业利润(亏损以"-"号填列)		
加：营业外收入		
其中：非流动资产处置得利		
减：营业外支出		
其中：非流动资产处置损失		
三、利润总额(亏损总额以"-"号填列)		
减：所得税费用		
四、净利润(净亏损以"-"号填列)		
五、其他综合收益的税后净额		
六、综合收益总额		
七、每股收益		
(一)基本每股收益		
(二)稀释每股收益		

附表 115-3

现 金 流 量 表

企会 3 表

编制单位：　　　　　　　　　　　年　月　日　　　　　　　　单位：元

项　　目	行　次	金　额
一、经营活动产生的现金流量：		
销售商品、提供劳务收到的现金	1	
收取的税费返还	2	
收到的其他与经营活动有关的现金	3	
现金流入小计	4	
购买商品、接受劳务支付的现金	5	
支付给职工以及为职工支付的现金	6	
支付的各项税费	7	
支付的其他与经营活动有关的现金	8	
现金流出小计	9	
经营活动产生的现金流量净额	10	
二、投资活动产生的现金流量：		
收回投资所收到的现金	11	
取得投资收益所收到的现金	12	
处置固定资产、无形资产和其他长期资产而收回的现金净额	13	
收到的其他与投资活动有关的现金	14	
现金流入小计	15	
购建固定资产、无形资产和其他长期资产所支付的现金	16	
投资所支付的现金	17	
支付的其他与投资活动有关的现金	18	
现金流出小计	19	
投资活动产生的现金流量净额	20	
三、筹资活动产生的现金流量：		
吸收投资所收到的现金	21	
取得借款所收到的现金	22	
收到的其他与筹资活动有关的现金	23	
现金流入小计	24	
偿还债务所支付的现金	25	
分配股利、利润和偿付利息所支付的现金	26	
支付的其他与筹资活动有关的现金	27	
现金流出小计	28	
筹资活动产生的现金流量净额	29	
四、汇率变动对现金的影响	30	
五、现金及现金等价物净增加额	31	

续表

项 目	行 次	金 额
1. 将净利润调节为经营活动的现金流量		
净利润	32	
加：资产减值准备	33	
固定资产折旧、油气资产折耗、生物性生物资产折旧	34	
无形资产摊销	35	
长期待摊费用摊销	36	
待摊费用减少(减：增加)	37	
预提费用增加(减：减少)	38	
处置固定资产、无形资产和其他长期资产的损失(收益以"−"号填列)	39	
固定资产报废损失(收益以"−"号填列)	40	
财务费用(收益以"−"号填列)	41	
投资损失(收益以"−"号填列)	42	
递延所得税资产减少(增加以"−"号填列)	43	
递延所得税负债增加(减少以"−"号填列)	44	
存货的减少(增加以"−"号填列)	45	
经营性应收项目的减少(增加以"−"号填列)	46	
经营性应付项目的增加(减少以"−"号填列)	47	
其他	48	
经营活动产生的现金流量净额		
2. 不涉及现金收支的投资和筹资活动	49	
债务转为资本	50	
一年内到期的可转换公司债券	51	
融资租入固定资产	52	
3. 现金及现金等价物净增加情况	53	
现金的期末余额	54	
减：现金的期初余额	55	
加：现金等价物的期末余额	56	
减：现金等价物的期初余额	57	
现金及现金等价物净增加额		

参 考 文 献

[1] 张志康，梁媛媛. 会计学原理课程实验. 第 4 版[M]. 大连：东北财经大学出版社，2018.

[2] 王新玲，汪刚. 会计信息系统实验教程(用友 U8 V10.1)：微课版[M]. 北京：清华大学出版社，2017.

[3] 杨芳. 会计综合模拟实验教程[M]. 北京：清华大学出版社，2014.

[4] 杨学华，杨芳. 会计综合模拟实验[M]. 长沙：中南大学出版社，2011.

[5] 傅仕伟，李湘琳，张文. 金蝶 K/3 ERP 财务管理系统实验教程[M]. 北京：清华大学出版社，2013.

[6] 张瑞君，蒋砚章. 会计信息系统[M]. 北京：中国人民大学出版社，2015.

[7] 会计基础工作规范[M]. 北京：经济科学出版社，1996.

[8] 财政部会计司编写组. 企业会计准则讲解[M]. 北京：人民出版社，2010.

[9] 刘玉红，胡同夫. 用友 ERP-U9 财务管理案例全程实训[M]. 北京：清华大学出版社，2015.

[10] 中华人民共和国企业所得税法. 2017.

[11] 中华人民共和国增值税暂行条例(中华人民共和国国务院令第 691 号). 2017.

[12] 中华人民共和国财政部制定国家税务局网站 http://www.chinatax.gov.cn/.